JN132844

THE GROWTH MINDSET COACH

マインドセット学級経営

子供の成長を力づける1年にする

アニー・ブロック／ヘザー・ハンドレー 著
佐伯葉子 訳

東洋館出版社

ANNIE BROCK / HEATHER HUNDLEY

A TEACHER'S MONTH-BY-MONTH HANDBOOK FOR EMPOWERING STUDENTS TO ACHIEVE

はじめに：2つのマインドセット

2006年、スタンフォード大学心理学教授、キャロル・ドゥエックの『マインドセット――「やればできる！」の研究――』が出版された。ドゥエックは、30年以上にわたり「人が成功する仕組み」について研究した結果、誰でも固定的マインドセットと成長的マインドセットという2つのマインドセットをもっている、というシンプルで説得力のある理論を考案した。それについて詳しく解説しているのが『マインドセット――「やればできる！」の研究――』だ。※1

〔Carol Dweck, *Mindset: The New Psychology of Success* (New York: Ballantine Books, 2006) の訳は、邦訳『マインドセット――「やればできる！」の研究――』（今西康子訳、草思社、2016年）を参照しつつ、訳者のほうで新たに訳出している。同書では、2つのマインドセットを、それぞれ「しなやかマインドセット」と「硬直マインドセット」と訳しているが、本書では「成長的マインドセット」と「固定的マインドセット」とする〕

固定的マインドセット：人は生まれたときから知能と能力が決まっているという考え。固定的マインドセットの人は、挑戦や失敗を避ける傾向があり、豊富な経験や学びに満ちた人生を自ら破棄している。※2

成長的マインドセット：練習、忍耐や努力で、人はいくらでも学び、成長できるという考え。成長的マインドセットの人は、失敗や恥を恐れず、自信をもって新しいことに挑戦し、常に成長することに価値を置いている。※3

この相反する2つのマインドセット――成長的マインドセットと固定的マインドセット――は誰の中にも存在し、日常のあらゆる場面をどちらのマインドセットのレンズを通して見るかによって、大きな違いが生まれる。『マインドセット――「やればできる!」の研究――』で、ドゥエックは、人は誰しも最初は成長的マインドセットだと言い、赤ん坊がまさにそのよい例だと言う。たとえば、言っていることがまったく意味をなさなくても、まだ喋る練習中であるため気にしない。あるいは、何歩か歩いただけで転んでしまったとしても、まだ歩く練習中であるため、すぐに立ち上がる。

「どうして人は前向きに学ぶことをやめてしまうのだろう?」ドゥエックは、著書の中でこのような疑問を投げかけた後、次のように続ける。「原因は固定的マインドセットだ。子供は、自己評価をするようになると、挑戦するのが怖くなってしまう場合がある。頭がよくなくなってしまうことを恐れるようになるのだ」。

本書『マインドセット学級経営』は、ドゥエックの素晴らしい研究と発見に着想を得た、成長的マインドセットの力を借りたいと願う全ての教師に助言と手引きをするために書いたものである。著者である私たち自身の学級担任としての経験からも、ドゥエックの「成長的マインドセットは、生徒の学業成績を大幅に向上させることができる」という説には心から賛同した。私たち教師には、日々、子供たちや保護者、その他の学校関係者の成長的マインドセットを強化する手助けをする機会が与えられている。本書では、主に教師が子供たちの成長的マインドセットを育てる方法に焦点を当てつつ、彼らを成功に導く実践的な方法についても解説する。

本書の使い方

本書は、成長志向の学級づくりに関心がある教師の手引きとなることを願って書いたものである。従来の指導方法や評価方法を成長的マインドセットのやり方に変えるのは、とても大変な作業だ。また、本書はその大変な作業を扱いやすいよう小分けにし、教師が様々な成長的マインドセットの教え方ができるよう構成されている。

本書に登場する人名や個人の特定につながりそうな詳細の情報は、本人のプライバシー保護のために変えてある。さらに、教師歴が長く経験豊富とはいえ、私たちが教えていたのは主に白人とアメリカ先住民の子供たちが通う、どちらかといえば田舎の低所得地域にある学校であったため、都会の学校やチャーター・スクール〔税補助は受けつつも公的教育規制を受けない学校〕、宗教系の学校とは、様々な点で異なっていたと思う。当然ながら、私たちにとってよい方法だったからといって、どんな状況でも同じ効果が望めるとは思っていない。そのため、本書で紹介する指導方法やアクティビティなどは、それぞれの環境に応じてアレンジしながら活用することを勧める。

本書では、それぞれの章が各月に対応しており、月ごとのテーマに沿った成長志向の学級づくりに役立つ指導方法を紹介している。これから、あなたは子供たちや保護者だけでなく、同僚やその他の学校関係者たちと一緒に、あなた自身を含むみんなの成長的マインドセットを強化していかなければならない。まずは、成長的マインドセットの教え方から始まり、基本が押さえられたら、次は、1年を通じて月ごとに成長志向の学級づくりに欠かせない要素について深く掘り下げていく。年度が終わる頃には、子供たちは様々な成長志向の経験を積み、身につけたスキルをその後の学業にも十分に活かしていけるようになっているはずだ。

ここで、1つ忠告がある。それは、成長的マインドセットを使った指導方法はまだ完成していないということだ。学級に新しい価値観を取り入れるのは、大変な作業である。失敗も、間違いも、挫折もあるだろう。それでも、成長的マインドセットでいることを忘れないでほしい。つまずきとは、新しいことを学び、やり方を改善するチャンスでもある。平坦な道ではないかもしれないが、それだけの価値があることを約束しよう。

本書の構成について

すでに書いたとおり、本書は各章が学年の1か月に対応する構成になっている。もし、9月に本書を読み始めたとしても、焦る必要はない。最初からやってみて、できそうな成長的マインドセット方略から実践すればよい。本書で紹介するアプローチはオール・オア・ナッシングではないし、成長志向の学級づくりの正しいやり方も1つではない。これまで、数多くの教師がそれぞれのやり方で子供たちの成長的マインドセットを育ててきた。重要なのは、本書の一字一句を丁寧になぞることではなく、あなたとあなたの学級に合う方法を見つけることだ。

〔本書の年間プランは、新学期が10月から開始し、年度末の7月～9月が夏期休暇となるアメリカの学校が基準とされているため、訳出にあたっては、各月が日本の学校に対応する形になるよう、表現を改めている。月によっては、ずれが生じることがあるが、この「はじめに」にもあるように、各学級の状況に合わせて調整し、ご実践いただきたい〕

本書では、毎月がその月のマントラ（標語）で始まる。私たちは、マントラを繰り返し唱えることが重要だと考えている。これは、その月の成長目標を達成できるよう、1か月を通じてあなたが子供たちと一緒に行う宣言のようなものだ。私たちの経験からして、繰り返し宣言することで、子供たちの中にしっかりと定着させることができる。あなたが子供の頃、とくに苦手だった教科を思い出してほしい。毎朝、先生や学級のみんなと「誰でも学ぶことができる！」と言って、その日をスタートしていたとしたら、もっと自信をもってその教科に臨むことができたのではないだろうか？　きっと、そうに違いない！　実際に、子供たちの日常会話の中にマントラが出てきたのを聞いたことがある。いつか、問題が解けずに困っている子に「頑張れ。誰だって学ぶことはできるんだから」と他の子が小声で励ましているのが聞こえたら、あなたはきっと最高に幸せな気分になるだろう。

本書では、毎月のマントラに加え、各章に「今月の目標」がある。また、あなたが様々な場面で成長的マインドセットを取り入れられるよう、数々の研究、学級でのエピソード、レッスンプラン、ヒントや学習方略も紹介している。

各章の内容を簡単に説明しよう：

4月のマントラ：完璧な教師ではなく、成長し続ける教師を目指す

最初の章では、マインドセットを詳しく取り上げる。まずは、2つのマインドセットの定義や特徴を知り、それぞれのマインドセットを使った教え方の例やエピソードについて読んでもらう。この月にあなたにしてもらうことは、目標の設定と振り返り、今後についての考察である。そうすることによって、あなたにとっての成長志向の学級はどういう学級を指すのか、また、そのためにはどんな努力や調整が必要かが分かってくるだろう。

成長的マインドセットは、完璧な結果よりプロセスを重視する。たとえば、この章の終わりを読む頃には揺るぎない成長的マインドセットの人になれているだとか、子供たちやその他の人たちの成長的マインドセットを確実に育てることができる方法が見つかっている、などということはない。なぜなら、すべきことはまだ山ほど残っているからだ。では、少しだけ秘密を教えよう。自分が成長的マインドセットになれていると分かる一番の方法は何だろう？

成長的マインドセットの人は、常に自分が未完成であるということを自覚しているのだ。

5月のマントラ：誰でも学ぶことができる！

成長的マインドセットを一文で表すとしたら、「誰でも学ぶことができる！」だろうか。では、人のポテンシャルは同じだろうか？　そうではないだろう。では、人はどの分野でも同じだけ成功できる可能性があるのだろうか？　それも違うだろう。では、頑張れば学校のテストで必ず100点が取れるだろうか？　残念ながら、それもやっぱり違うだろう。「誰でも学ぶことができる」というのは、ただ純粋に、誰でも上達し、成長し、成功するポテンシャルをもっている、という意味だ。

5月は、子供たちの知能やスキルに関する自己評価はどうであれ、諦めずに頑張ることで、今より先に進めることを彼らに信じさせるという大きな仕事がある。この月の一番の目標は、成長志向の1年にするための土台づくりだ。そのため、この章では、子供たちが成長的マインドセットと固定的マインドセットを理解し、誰でも成功できると信じられるための具体的なレッスンプランを用意した。

6月のマントラ：脳も筋肉のように鍛えられる！

成長的マインドセットと固定的マインドセットの違いを学んだ子供たちは、知りたいことがさらに増えたはずだ。たとえば、「どうやって脳は学んで成長するんだろう?」などがそうだ。

6月は、成長的マインドセットを科学的に解明する。神経可塑性《しんけいかそせい》とは、脳の柔軟性を表す用語だ。あなたは、ニューロンや樹状突起《じゅじょうとっき》の世界へ深く入り込み、子供たちを脳の隅々まで案内する。この月が終わる頃には、どの子供も、脳も筋肉と同じで繰り返し訓練することで、鍛えられ、成長できることを理解しているはずだ。

7月のマントラ:自分は価値ある人間だ

7月のテーマは人間関係だ。成長的マインドセットで難しい挑戦や課題に立ち向かうのを怖がる子供たちがいる。失敗したらどうしよう? 他の人にどう思われるだろう? バカだと思われないかな? 子供たちにとって、教室という場所は、どんな学習的リスクを犯しても安全な場所でなければならない。そこで、この章では、子供たちや保護者、同僚と強い関係を築くためのヒントや方法を教える。絆という強固な土台があれば、子供たちは弱さをさらけ出し、新しい挑戦にも取り組めるようになるだろう。それができて初めて、彼らは自分にとって最高の飛躍を遂げるのである。

8月のマントラ：挑戦は楽しい！

成長的マインドセットの子供は、新しい挑戦に立ち向かい、障害を乗り越えようとする。ところが、あなたが十分に挑戦的な課題を与えられなければ、マインドセットにはほとんど意味がなくなってしまう。この章では、子供たちに適度な挑戦をさせること、また、子供たちに高く期待することについて説明する。学習における挑戦も高い期待も、成長志向の学級の特徴だ。

8月は、成長するための具体的な計画を実行する方法について説明し、子供たちや同僚にあなたが彼らに何を期待しているかを伝えることで、この1年の方向性を定め、また、学習面においても成長的マインドセットを維持するための骨組みをつくる。なぜなら、挑戦とは、脳にとっての運動だからだ。

9月のマントラ：フィードバックは贈り物だ

フィードバックは、成長志向の学級づくりに欠かすことのできない重要な要素だ。その証拠に、ドゥエックの研究の大半は、子供たちの「天性の」資質や才能ではなく、努力を褒めることについてであった。

9月は、能力を褒めること（頭がいいね）と努力を褒めること（よく頑張ったね）について深く掘り下げ、教師が学級で努力を褒める方略を紹介する。そして、子供たちがお互いに適切で意味のある褒め方や批判の仕方ができるように指導を行う。赤ペンで花丸を書いたり、キラキラ光るシールを貼ったりするだけのフィードバックでは、子供たちが、上達する方法を考えたり、努力と成功を結びつける機会を奪っているのと同じだ。都度、細やかで意味のある一貫したフィードバックを行うことで、今年あなたが実践するどの方法より、子供たちの成長的マインドセットに大きな影響を与えられるかもしれない。

10月のマントラ：計画のない目標は願い事に過ぎない

目標を設定し達成するための計画を立てることは、成長志向の学級にとって重要な課題である。子供たちは、目標がない状態では何を目的に学べばよいかが分からないだろう。さらに、目標を立てることによって、やり抜く力を身につけることができる。やり抜く力は、近年の教育現場で注目されている概念だ。

10月は、やり抜く力とは何か、やり抜く力についてどのように子供たちに教えるか、また、子供たちが、それぞれの熱意や根気強さに合った目標を立てる際に、手助けをする方法について説明している。

11月のマントラ：失敗は学ぶ機会だ

11月の目標は、学級で失敗を一般化することだ。成長的マインドセットでは、失敗や障害を乗り越えるのは、成功への道のほんの一部に過ぎない。にもかかわらず、失敗を恐れて挑戦しない子供たちがあとを絶たないのである。そこで、子供たちがした失敗を貴重な学びの機会に変えたり、彼らが挫折を乗り越える手助けをする方法の数々を紹介する。学習は、きれい事であるべきではない。山あり谷あり、2歩進んで1歩下がるなど、紆余《うよ》曲折の連続だ。成長的マインドセットでは、失敗は当たり前ということだけではなく、貴重な学習プロセスでもある。この章では、学級で子供たちに「生産的な失敗」をさせる方法についても説明している。

12月のマントラ：「分からない」と「まだ分からない」は違う！

「まだ」なんて大した言葉ではないように思えるかもしれないが、その意味は深い。12月は、「まだ」が成長的マインドセットを強化するということについて学ぶ。なんと、成績に「未合格（「まだ」合格じゃない）」とつける教師が登場する。この月は、形成的評価と総括的評価を通して、また、成績を従来の数字やアルファベットで表されたものから、達成度を重視する評価方法に発展させるなど、様々な方法で学級に「まだ」の力を取り入れる。さらに、子供たちが自ら学習の指揮をとり、現実に直面し得る問題の解決方法を熟考するなど、社会で必要なスキルを練習できるような指導方法をいくつか紹介する。

1月のマントラ：自分にはできる！

年度末が近づき、子供たちを送り出すときが迫ってきた。次年度までの春休みの間に、彼らが成長的マインドセットを失ってしまわずに済むにはどうすればよいのだろう？　この章の目的は、子供たちが教室の外に出てからも、成長的マインドセットを学習や生活のその他の面で活用するためのツールをもたせることだ。そこで、「心の声」の有用性と、子供たち自身が自分の固定的マインドセットの声をコントロールできるようにするための指導方法について説明している。

最後に、あなたは、子供たちがあなたから学んだことを忘れずに、休みの間も成長的マインドセットを使うための計画を立てる手助けをしてあげなければならない。

2月のマントラ：自分の面倒が見られなければ、他人の面倒は見られない

2月は、あなた自身の振り返りとリラックス、回復に集中する。成長的マインドセットにお

ける経験について深く振り返るための質問やトピックを集めたマインドセットジャーナルを用意した。さらに、休みの間も刃《やいば》を研ぎ、――あなた自身を磨き――健康的な習慣を身につけ、1年間頑張った心と身体、そして精神を回復させることの大切さについても触れる。

3月のマントラ：新しい1日は新しい成長の機会だ

年度末は、教えるモードから学ぶモードになるよい機会だ。この月は、より深く成長的マインドセットを理解するための資料や、日々の生活の中で成長的マインドセットを使うヒントや方法を数多く紹介する。さらに、インターネットを活用し、Twitterやその他のソーシャルメディアを通してパーソナル・ラーニング・ネットワーク（PLN）を築くことであなたのサポートの基盤を広げ、知識をさらに深める方法も説明する。

本書は、あなたの成長的マインドセットを鍛え、子供たちの成長的マインドセットを育てる旅のガイドブックである。大事なのは、この旅には終わりがないということだ。ドゥエックは、次のように書いている――「成長的マインドセットとは、宣言ではなく、旅である」。つまり、「私は成長的マインドセットの人間だ」と言う人がいたとすれば、その人はうそをついていることになる。マインドセットは、二者択一ではない。私たちは固定的マインドセットと成長的マインドセットの両方をもっており、問題は、状況によってどちらのマインドセットを使うか、なのである。どんなに成長的マインドセットに慣れ親しんだとしても、固定的マインドセットはあなたの頭の中に必ずいて、あなたが挑戦や失敗から逃げてくるのを待っている。

本書では、この「はじめに」にあるように、あなたが成長的マインドセットに熱心に取り組み、固定的マインドセットを抑え、学びと成長に富んだ人生を送るのに必要なスキルや方法を身につけ、子供たちの成長的マインドセットを育てられる教師になる方法を教えている。

凡例

（1）Carol Dweck, *Mindset: The New Psychology of Success* (New York: Ballantine Books, 2006）の訳は、邦訳『マインドセット―「やればできる！」の研究―』（今西康子訳、草思社、２０１６年）を参照しつつ、訳者のほうで新たに訳出した。

（2）本書の年間プランは、新学期が9月から開始し、年度末の6月半ば～8月末が夏期休暇となるアメリカの学校が基準とされているため、訳出にあたっては、各月が日本の学校に対応する形になるよう、表現を改めている。月によっては、ずれが生じることがあるが、それらについては、各学級の状況に合わせて調整し、ご実践いただきたい。

（3）訳注は〔　〕で示した。

目次

Chapter 1

4月

完璧な教師ではなく、成長し続ける教師を目指す

どんなにゆっくりでもいい、止まりさえしなければ。
——孔子

今月の目標

- 成長的マインドセットと固定的マインドセットを理解する。
- あなたがこれまでに出会った先生たちのマインドセットについて考える。
- この1年で成長的マインドセットを取り入れるための目標を立てる。

マインドセットとは

これまで、生まれもった能力や資質は変えられないものと信じられてきた。「運動音痴だから」とか「理系じゃないから」と言う人を聞いたことはないだろうか。あるいは、言ったことがあるという人もいるだろう。これまで、努力だけではどうにもできないことがあるというのが常識だった。さらに、メディアが描く、いわゆるオタクや人気者、または筋肉バカなどのイメージが、それに拍車をかけた。おかげで、生まれつき特別な人たちというのが存在するのだという考えがより深く浸透していったのである。そう、キャロル・ドゥエックの『マインドセット―「やればできる！」の研究―』が出版され、世界中で何百万という人たちに読まれるまでは……。

ドゥエックは、同書の中で、自身の研究チームが長年行ってきた研究から、「知能、創造力、運動神経やその他の資質は、持って生まれた変えられない性質ではなく、時間をかけ努力することで伸ばすことができる柔軟なもの」という、とてもシンプルで力強い仮説が正しかったことを証明した。[※4] 彼女の言う「マインドセット」には、成長的マインドセットと固定的マインドセットの2つのタイプがあるという。

固定的マインドセットとは：知能やその他の資質、能力や才能は、大幅には伸ばすことができない固定的な性質であるという考え方。

固定的マインドセットの人は、その多くが、幼い頃から知能やその他の才能、能力は固定的で変わらない、という思い込みをもっている。彼らにとって、才能と知能には、最初から分野によって限界が決まっている。天性の才能があるか、努力しなくてもできること以外は諦めた方が賢明なのだ。このように、固定的マインドセットの人は、「生まれつき」得意なことばかりに夢中になり、そうでないことは極力避ける傾向にある。

成長的マインドセットとは：知能やその他の資質、能力、才能は、努力や学習、積極的な取り組みによって伸ばすことができるという考え方。

成長的マインドセットの人は、固定的マインドセットの人とはまったく違う見方で自分自身を捉えている。彼らにとって、知能や芸術的才能、運動能力は、固定的で変えられない性質などではなく、時間と努力次第で変えることも伸ばすことも可能である。成長的マインドセットでは、資質とは、遺伝や生まれつきのものでもなければ、限界のあるものでもない。どんな目標でも、達成できるかどうかは、学ぶ意欲や努力、忍耐次第だ。彼らには、「理系」や「芸術肌」、「運動神経がよい」といった概念はなく、諦めずに頑張ることで、誰もがどんな分野でも成功できると信じている。

成長的マインドセットになると、成長を望む気持ちが強くなり、失敗しても、落ち込んだり自己嫌悪になるのではなく、上達するチャンスとして捉えられるようになる。だからといって、天性の才能に恵まれた人の存在を無視するわけではない。あなたの周りにも、最初から歌が上手な子やホームランを打てる子、同級生より難しい本が読める子がいただろう。このような子たちを含め、全ての人の才能は経験や努力によって伸ばすことができ、諦めずに頑張ることで高めることができ、スタート地点にかかわらず、最終的には大きな成功につながっていく。では、歌のレッスンを何度か受ければ、誰でもアデル〔イギリスの人気歌手〕のような歌手になれるだろうか？　残念ながら、その可能性はゼロに等しい。ドゥエックが言うように、「人の本当のポテンシャルは分からないし（分かりようがない）、何年もの間、情熱をもってコツコツ頑張ったからといって、どこまで達成できるかは予想のしようがない[※5]」

歴史に残る成長的マインドセットの人たち

歴史を振り返ると、そこには成長的マインドセットの鑑《かがみ》とも呼べる人たちが数多く存在した。努力を重ね、諦めることを拒み、あらゆる困難を乗り越え、成功を手に入れた人たちだ。アメリカ史には、豊かな暮らしを求めて西を目指した開拓者たちや、奴隷制度が廃止された後もなお続いた抑圧に屈することなく、自らの危険を顧みずに公民権運動に参加した活動家たちの話がいくつもある。

実際に、努力の末に夢を実現した、5人の成長的マインドセットの先駆者たちの話を紹介しよう。

オリンピックのスター陸上選手として活躍したウィルマ・ルドルフは、1940年代にアメリカのテネシー州で22人兄弟の20番目として未熟児で生まれた。ところが、幼少期に猩紅熱《しょうこうねつ》とポリオに感染すると、わずか6歳で足が不自由になってしまったのである。ウィルマの母親は、決まって週に1度彼女を病院に連れて行った。また、兄弟たちは彼女の足を毎日マッサージした。すると、ウィルマは9歳になる頃には補装具なしでも歩けるようになり、1960年のローマオリンピックでは金メダルを獲得したのである[※6]。

『ルディ／涙のウイニング・ラン』という映画を知っているだろうか？　アメリカのイリノイ州ジョリエットで、労働者階級の家に生まれたルディ・ルティガーの実話をもとにした作品だ。ルディは、幼い頃から名門ノートルダム大学に入ることを夢見ていた。ところが、失読症の診断を受け、思うように勉強ができなかった彼は、3度にわたり同大学を不合格となる。それでも、4度目で見事に合格すると、今度はアメリカンフットボール部への入部を目指した。彼は身長167センチメートルと小柄だったが、フットボールに対する熱意を買われ、スカウトチーム〔一軍チームの練習相手となる控えチーム〕に入ることを許された。学生時代最後に一度だけ一軍チームの試合に出場したルディは、出番を与えられた3プレーのうち1つのプレーで、アメリカのカレッジフットボール史に残る見事なQBサック〔クォーターバックサックの略。パスを投げる前のQBにタックルをして攻撃を防ぐこと〕を決めたのである。[※7]

アメリカの最高裁判事のソニア・ソトマイヨールは、ニューヨーク州ブロンクス区にある貧しい公営住宅で育った。彼女の母親はプエルトリコで孤児として生まれ、父親は小学校3年生までしか教育を受けないで育ったという。母親から、「成功するために必要なのは、教育と勤勉であること」と聞かされて育ったソニアは、父親のアルコール依存症や早すぎる死、さらには自身が患っていた糖尿病にもめげることなく勉学に励み、ついにアイビーリーグのプリンストン大学に進学する。後に、自分が成功できたのは、周囲の人々のおかげだったとソニアは語っているが、本人の懸命な努力といかなる困難にも立ち向かう姿勢こそが成功の鍵を握っていたことは言うまでもないだろう。[※8]

マリー・キュリーが生まれたポーランドのワルシャワは、戦争で荒廃し、政治色が濃く、女性の中でもとくにポーランド人の女性には高等教育を受けることが禁じられていた。ところが、数学や化学、物理を愛していたマリーは、その身を危険に晒《さら》してでも学ぶことをやめなかった。そうして、彼女は女性初のノーベル賞受賞者となったのである。[※9]

パキスタンに暮らす、当時10歳のマララ・ユスフザイは、とても勉強熱心な少女だった。ところが、彼女が住んでいた地区はタリバン勢力の圧力により、女の子が学校へ通うことを禁止されてしまったのだ。そこで、マララは、自分にも教育を受ける権利があるはず、という揺るぎない信念をもとに、学校に通いたいという思いを匿名のブログに綴《つづ》った。すると、そのブログは瞬く間に教育の権利を奪われたパキスタンの少女たちの代弁をしているとして、多くの人が知るところとなった。

ところが、マララが15歳のときのことだ。家へ帰るバスに乗っていると、突然、タリバンの兵士たちがバスを停車させた。そして、一人の兵士が車内に乗り込み、マララに名前を確認すると、いきなり銃で彼女の頭を撃ったのである。ところが、マララは奇跡的に生還した。そして、銃弾に屈することなく、教育の機会均等を求めて、より積極的に闘い始めたのだった。2014年、マララ・ユスフザイは史上最年少でノーベル平和賞を受賞した。それから今に至るまで、きちんとした教育が受けられない世界中の少女たちに代わり、声を上げ続けている[※10]。

成長的マインドセットの人は、挫折や困難に直面しても、すぐに立ち直ることができる。なぜなら、結果より過程が大事だと分かっているからだ。固定的マインドセットの人は、大した努力もせずに結果を出すことに達成感や憧れを抱くのに対し、成長的マインドセットの人は、表面的な達成で満足することはない。さらに、固定的マインドセットの人は、失敗すると（まったく失敗しない人はいない）どうしたらよいか分からなくなってしまう。彼らにとっての失敗とは、乗り越えるべき壁ではなく、自分の能力を否定するものでしかないからだ。ところが、成長的マインドセットの人にとっての失敗は、もう一度挑戦するときに役立つ学習のチャンスなのである。

どちらのマインドセットかなんて大したことではないように思えるかもしれない。ところが、マインドセットは人生のあらゆる場面で重大な役割を担うのだ。あらゆる物事に関する決断、仕事における目標、恋愛関係や子育ては、どちらのマインドセットかによって見える世界がまったく異なるだけでなく、周りの人たちに与える影響も大きい。

自分のマインドセットを知る

『マインドセット―「やればできる！」の研究―』で、著者のキャロル・ドゥエックはこう語っている。「2つのマインドセットについて深く知るほど、『自分の能力は石板に刻まれたように固定的で変わらないという信念は、様々な考えや行動を引き起こす。また、自分の能力は高めることができるという信念は、それとは別の考えや行動を引き起こす』ことに気づかされるでしょう」と。[※11] 彼女の研究結果に基づく見解によると、成長的マインドセットの人は、固定的マインドセットの人より明らかによい結果を得られることが多いという。
　ここで、あなたのマインドセットについて考えてみてもらいたい。あなたのマインドセットは、どちらのマインドセットの特徴を多く表しているだろうか？　おそらく、両方のマインドセットの特徴を少しずつ表しているはずだ。成長的マインドセットと固定的マインドセットは表裏一体であるため、完全に成長的マインドセットだけでいようと思っていたとしても、常にその理想を追い続けることになるだろう。私たちは、誰でも両方のマインドセットをもっていることを理解し、受け入れなければならない。より直感的に成長的マインドセットになれるよう鍛えることはできても、基本的には、常に意識をする必要がある。中には、成長的マインドセットと固定的マインドセットが二者択一であるかのように考える人もいるが、マインドセットとは、どちらか一方ではない。誰でも両方のマインドセットをもっている。問題は、状況によって、2つのマインドセットのうち、どちらのマインドセットになりやすいかである。たとえば、外国語の勉強なら成長的マインドセットになれるのに、ダイエットになると固定的マインドセットになってしまう人がいるだろう。このことについては、成長的マインドセットの専門家であるドゥエック自身でさえ、たまに固定的マインドセットの罠《わな》にはまってしまうことがある、と著書の中で明かしている。[※12]
　どのようにして成長的マインドセットをあなたの学級に取り入れるかを説明する前に、まずは自分がどちらのマインドセットになりやすいかを知っておく必要がある。次の文章のうち、当てはまるもの全てにチェックしよう。

1．□ どんなに頑張っても、絶対にできないことはある。
2．□ 失敗から学ぼうとする。
3．□ 他人が自分よりできているのを見ると、脅威を感じる。
4．□ 自分のコンフォートゾーン（居心地のよい場所）から出るのは楽しい。
5．□ 他人に自分の知識や才能を見せると、成功者の気分になる。
6．□ 他人の成功はよい刺激になる。
7．□ 他人にできないことができると気分がよい。
8．□ 自分の知能を高めることは可能だ。
9．□ 頭のよさは生まれつきの性質なので、努力する必要はない。
10．□ 不慣れな分野であっても、新しいことに挑戦するのは好きだ。

この評価テストでは、奇数（1、3、5、7、9）の文章は固定的マインドセットを、偶数（2、4、6、8、10）の文章は成長的マインドセットを表している。大切なのは、現時点でのあなたのマインドセットを知ることだ。とはいえ、それがどちらのマインドセットであった

状況	固定的マインドセット	成長的マインドセット
挑戦	頭が悪く見られないように、挑戦は極力避ける。	常に学びたいと思っているため、挑戦できることを喜ぶ。
困難	困難に直面すると諦めることが多い。	困難に直面しても諦めない。
努力	努力によいイメージがなく、努力しなければならないのは、その能力または才能が欠如しているからだと思っている。	努力することで成功への道がひらけると信じている。
批判	どんなに建設的な意見でも、否定的な内容なら受けつけない。	批判は重要なフィードバックなので、そこから学ぼうとする。
他人の成功	他人の成功は脅威なので、不安になる。	他人の成功はよい刺激だし、勉強になる。

としても、あるいは、両方が少しずつであったとしても、本書の目的はただ1つ――あなたの成長的マインドセットを強化し、それをあなたの学級で活用してもらうことである。ただし、長年にわたる成長的マインドセットの研究から、そのためには並々ならぬ努力が必要であることが分かっている。

ドゥエックによると、それぞれのマインドセットの人の行動の違いが顕著に表れる状況は主に5つだという。「挑戦」「困難」「努力」「批判」そして「他人の成功」である。[※13] どの状況においても、固定的マインドセットの人では、頭がよく見られたい、失敗したくない、という考えに基づく反応がほとんどだ。逆に成長的マインドセットの人では、学びたい、上達したい、という考えに基づく反応が多く見られる。成長的マインドセットの人と固定的マインドセットの人のそれぞれの状況における反応を、表で見てみよう（前ページ参照）。

学校における成長的マインドセット

成長的マインドセットについてはよく分かったが、それが教師にとってどんな意味をもつというのだろう、あなたはそう思っているのではないだろうか。成長的マインドセットになる努力をしている教師と、固定的マインドセットの教師の考え方には大きな違いがある。それぞれのマインドセットの教師の心の声を、表で見てもらいたい（次ページ参照）。

違いが分かるだろうか？　固定的マインドセットの教師は、状況は変えられないものだと思い込んでいる。失敗したレッスンプランは再考しない。しつこい親は面倒だ。教員研修は時間の無駄でしかない……。ところが、同じ状況でも、成長的マインドセットの教師の感じ方はまったく異なる。失敗したレッスンプランは方向性が少し間違っていただけで、次はうまくいくよう見直すことができるトライアルに過ぎない。しつこい保護者は熱心なだけで、重要なのはコミュニケーションのとり方だ。そして、教員研修は新しいことを学んだり、同僚と話した

固定的マインドセットの教師	成長的マインドセットの教師
教員研修は退屈だ。研修で学んだことなど1つもない。	教員研修では、先入観を捨て、新しいことを吸収したい。
毎日様子を教えろとは、面倒な保護者だ。	この熱心な保護者が満足するコミュニケーションのとり方を考えなければ。
この子供が算数ができるようになることはないだろう。	この子供に分かりやすく教えるにはどうすればよいのだろう?
この子供は国語が得意なので、私の指導は必要ない。	この子供がやりがいを感じられるよう応用問題を作ろう。
彼女みたいな素晴らしい教師にはなれない。	彼女みたいな素晴らしい教師になれるよう、指導してもらおう。
子供たちが協調性に欠けるせいで授業が台なしだ。	子供たちを飽きさせないよう、授業を工夫しなければ。
この子供の学校嫌いはどうすることもできない。	この子供の好奇心や情熱を勉強に向けさせるにはどうすればよいだろう?
この子供は家庭環境が悪いので、卒業は無理だろう。	家庭環境はどうあれ、彼はきっと成功できるはずだ。

り、教育について考えるために必要な時間だ。

成長的マインドセットになるには、心の声を変えるだけでよいことが多い。無理だと決めつけるのではなく、その子にとって分かりやすくなる方法を考える。匙《さじ》を投げるのではなく、他の解決方法を探る。嫉妬や自己嫌悪に支配されるのではなく、改善するための方法を探ることに焦点を当てる。

読み進めるうちに、本書には2つの目的があることに気づくだろう。1つめは、教師であるあなたが内省し、自分の中の成長的マインドセットを見つけ、それを強化する手助けとなることだ。誰にでも、必ず両方のマインドセットがある。もしかすると、あなたは固定的マインドセットになりやすい傾向があるかもしれない。だからといって、心配する必要はない。大切なのは、固定的マインドセットの声に成長的マインドセットの声で応じることだ。そうすることで、困難や挫折に直面しても、失敗ではなく、成長するチャンスだと考えられるようになる。2つめは、あなたの中に芽生えた成長志向の声を学校で活用できるようにすることだ。そのためにも、あなたが成長的マインドセットを使い、子供たち、同僚や保護者が失敗や間違いを恐れるのではなく、チャンスとして捉えられるよう手助けする方法を紹介する。時間をかけて諦めずに努力することで、学業のどの分野においても成功は可能であることが、あなたやあなたの周りの人たちに伝われば幸いだ。

成長的マインドセットの教師は、子供たちの学業によい影響を与えるだけでなく、彼らと良好な関係を築き、成長志向の校風をつくることができる。本書では、教師が成長的マインドセットの原理を活用し、学級、学校、ひいては地域をよくする方法について検証したい。私たちは、マインドセットが、あなたの人間関係に影響を及ぼし、人から人へ感染すると信じている。さらに、子供たちに脳は筋肉と同じく鍛えられることを理解させることができれば、彼らのやる気を引き出し、絶対にできると強く信じる心を育て、さらには、成績を上げることができるという研究結果がある。[※14]

成長的マインドセットで学校を立て直す?

　成長的マインドセットを取り入れれば、全米中の学校が抱える問題を一掃できる？　いやいや、とんでもない。たとえば、貧困や人種問題などの社会問題が学業成績における格差と大きく関連していることは知っているだろう。これは、諦めずに頑張れ、と言うだけでどうにかなる問題ではない。本書は、教師や学校が子供たちの様々な格差や成功を防げる障壁を取り除くには成長的マインドセット以外の解決策は必要ないと言っているのではない。アメリカの教育サイト"Education Week"（エデュケーション・ウィーク）で、ドゥエックはこう語っている。「成長的マインドセットは、子供たちの成績格差を隠すのではなく、埋めるためにあるのです。大切なのは、子供たちに現時点での彼らの成績を正確に伝えた上で、一緒になって、彼や彼女の学力を上げる手助けをすることです※15」

　つまり、成長的マインドセットとは、確固たる教育方針や充実したカリキュラムに取って代わるものではなく、それらと連携して活用すべきものなのだ。子供自身が努力し、成績は上げられると信じるのと同時に、教師である私たちが興味深く、分かりやすい、価値や意義のある学習体験を提供できなければ、成長的マインドセットを真の意味で活用できたとは言えない。成長的マインドセットとは、どの子供も必ずもっている、失敗やバカにされることへの恐怖心を忘れさせ、学ぶことに集中させる手助けとなる考え方なのである。

自分の知能には限界があると信じている子供にとって、学校がどれほど窮屈な場所か想像できるだろうか？　できないことがあると、すぐに白旗を振って諦めてしまう。成長的マインドセットを教えるということは、彼らの中にある間違った「限界」を取り除き、「自分には十分な知能も、才能も、技術もないのだ」という歪んだ思い込みのせいで、できないと決めてかかっていたことにも挑戦したいと思わせることだ。当然ながら、マインドセットをコントロールできるのは本人しかいない。困難に直面したとき、固定的マインドセットではなく、成長的マインドセットになるかどうかは、本人の心の声次第だからだ。隣の学級担任や、自分は「理系」じゃないと言って譲らない子供、過去の苦い経験によって教育そのものに懐疑的な保護者の固定的マインドセットを、あなた一人の力で変えることはできないかもしれない。それでも、彼らが自分たちの成功する可能性に気づけるよう、成長的マインドセットについて教え、自らがお手本となり、指導することはできるはずだ。

あなたが一番好き・苦手だった先生は？

執筆にあたり、多くの人に、学生時代のよい思い出や悪い思い出について語ってもらった。

すると、当時はマインドセットの概念がなかったとはいえ、嫌な思い出のほとんどが、固定的マインドセットの教師に関するものだったのである。反対に、よい思い出のほとんどは成長的マインドセットの教師に関するものであった。

ある人は、中学時代、学級の席順を成績の優劣によって決める教師がいたという。彼は、教師が誤った認識のもと「頭が悪い」と公然と決めつけた子供の一人として、最前列の席に座らされる不安を常に抱えていたそうだ。この教師にとって、失敗とは、次に活かせるチャンスではなかったことが分かる。それどころか、子供のスタート地点に関係なく、一生懸命学ぶことより、他のクラスメイトから頭がよく見えることの方が重要という、間違った考え方を子供たちに植えつけていたと言える。

ある女性は、大学の進路指導カウンセラーに、彼女の成績を見る限り明らかに「理系」ではないので、文章を書く才能を伸ばすことに集中した方がよい、と言われたそうだ。それがなくても書くことに関連した分野を目指したかどうかは分からないが、当時17歳だった彼女は、カウンセラーの言葉を真に受け「そうか、自分には数学や科学は向かないのか」と思ったという。ところが、その後、彼女は数学と科学に強い関心をもつようになった。すると、どちらの学問も楽しんで学ぶことができたという。

この他にも、固定的マインドセットの教師から、ネガティブな影響を受けたという話はいくつもあった。ただし、固定的マインドセットの教師の影響で、自信を喪失し、諦めずに頑張ることができなくなってしまったという人と同じくらい、成長志向の教師の影響で、諦めずに困難を乗り越えられるようになったという人たちがいた。実際に、今までで一番好きだった教師について聞いてみると、諦めないよう励ましてくれた、という内容の話が多かった。

では、あなたが一番好きだった先生について思い出してほしい。なぜ、その先生が好きだったのだろう？

それが終わったら次に、あなたにとって何も得るものがなかった、あるいは苦手だった先生について思い出してみよう。なぜ、その先生が苦手だったのだろうか？

それぞれについて、次ページのシートに書き込んだ理由を、成長的マインドセットと固定的マインドセットに分類できないだろうか？　あなたが一番好き・最も影響を受けた教師、あるいは、一番苦手・何も影響を受けなかった教師が、どちらのマインドセットの人だったのか。そして、それぞれのマインドセットが、あなたの学習に与えた影響についても考えてみよう。

米教育省主導のもと、公共・民間団体や政府と連携し、アメリカにおける教育のサポートを目的とするＴＥＡＣＨ〔米教育省とマイクロソフト社によるアメリカの非営利団体〕が、４人の成功者に今までで一番好きだった教師について聞いてみた。あなたの一番好きだった教師との思い出に似た話はないだろうか？

一番好き・苦手だった先生

＿＿＿＿＿＿＿＿＿＿が今までで一番好きな先生だった3つの理由:

1.

2.

3.

＿＿＿＿＿＿＿＿＿＿が今までで一番苦手な先生だった3つの理由:

1.

2.

3.

・アメリカのアーン・ダンカン元教育長官の話：「一番好きだったのは、高校時代の英語の先生で、かなり勉強をさせられた思い出があります。とても厳しかったので大変でした。先生は、「限界」や「できない」などの言葉を一切使うことがなく、常に、さらに努力するよう促しました。自分では十分だと思っていても、さらに上のレベルを目指すよう励ましてくれました[※16]」

・NBAのスター選手クリス・ポールの話：「フェルダー先生は、10年生（日本の高校1年生）のときの生物の先生でした。今頃どこかで、NBA選手もよいけれど、そのまま続けていれば生物の先生にもなれたのに、なんて言っていることでしょう。『努力すれば何だって叶う』と言ってくれる大人は、一生心に残ります[※17]」

・元米国エネルギー長官スティーブン・チューの話：「今までで一番好きだった先生は、正解を出すことより、学ぶことが重要だと教えてくれた先生です。答えを教えるのではなく、学び方を教えてくれたので、本当の意味で理解することの重大さが分かりました。このことは、大学や大学院以降も、物理学者人生を通して役立っています[※18]」

・エミー賞受賞女優ジュリア・ルイス＝ドレイファスの話：「高校時代に出会った物理のコイ

ン先生は、教師や親が子供に与えられる最高のプレゼントは『自信』だと言っていました。面白い実験をさせてくれて、科学に対して苦手意識をもつどころか、大好きな教科になりました[※19]」

どの話にも共通点があることに気づいただろうか？　人が、今までで一番好きな教師のことで思い浮かべるのは、楽によい成績をとらせてくれた教師や、優越感に浸らせてくれた教師でもなければ、特定の科目や、その他のことについて才能が足りていないと思わされた教師でもなかった。反対に、最も大きな影響を受けた、印象的な教師は、より努力するよう背中を押してくれた教師たちだったのである。彼らのような教師は、子供たちに分かりやすく教えようと努力するだけでなく、結果より学ぶ過程を重視していたことが分かる。

成長的マインドセットとは…

諦めずに頑張ることで、成功への道はひらけるということ。コンフォートゾーンから出て、新しいことに挑戦すること。挫折や失敗は、過程に過ぎないこと。

成長的マインドセットの1年に向けた準備

2つのマインドセットを理解し、あなたにとっての固定的マインドセットの教師たち、成長的マインドセットの教師たちについて考えたら、次は、成長的マインドセットになるための一年計画を立てよう。まずは、あなた自身の成長的マインドセットを強化し、それを子供たちをはじめ、他の人たちの中でも育むためのSMART目標を立てる。それができたら、同じ方法で別の目標も立ててみよう。

成長的マインドセットで教えるのは、もどかしいと感じることもあるだろう。すでに諦めてしまった子供に、新しいやり方を提案し、励ますのは、ものすごい忍耐と強い意志が必要だ。また、これまでの褒め方やフィードバックの仕方を変えなければならないこともあるかもしれない。誰に対しても常に気を張り、意識的に成長的マインドセットでいなければならないため、とても大変だ。でも、それだけの価値はある。

成長的マインドセットになるためのSMART目標

Specific（具体的）　成長的マインドセットに関する具体的な目標を書く

Measurable（記録）目標達成までのプロセスを記録する方法を書く
Actionable（手順）目標達成までの詳しい手順を書く
Realistic（現実的）目標達成に必要な手助けやサポートを書く
Timely（期限）目標達成の期限を書く

例：

・学校が始まって2週間後には、子供たちの名前と校外で夢中になっていることを覚える。そのためには、子供たちの名前を使う回数を増やし、趣味に関するアンケートを実施する。アンケートから分かったことを、子供たちの写真付き座席表に書き入れる。それを使い、覚えられたかどうかを週に1度のペースで確認する。

この場合の目標は、子供たちとの関係づくりだ。子供たちの名前と趣味をどれだけ覚えたかを自分自身で確認することで、経過が分かるようになっている。手順には、子供たちの名前を使う回数を増やす、アンケートを実施する、などが含まれている。他にも、毎朝教室の入り口で子供たちの名前を呼びながら挨拶をする、子供たちがお互いについて知り、打ち解けるためのゲームをする、子供たちの写真やそれぞれのことが書かれた紙を貼るための掲示板を作る、などもよいかもしれない。2週間という期限は、子供たちの名前を覚える期間としてはちょうどよく、この目標は現実的と言える。ただし、全学年と交流がある図書室の先生などの場合は、もっと長い期間が必要になるかもしれない。大切なのは、目標が現実的であることだ。例にある目標は、人の脳に新しい情報が定着するのに必要な時間を考えても、理にかなった目標であることが分かる。

(教師用)1年計画のSMART目標

実際にやってみよう！　まずは、下にSMARTの項目ごとに書く。

S

M

A

R

T

上記の内容を使い、あなたの成長的マインドセットの目標を書く。

Chapter 2

5月

誰でも学ぶことができる!

あなたの本来の能力がどうであれ、
努力がその能力を高め、成功に導く。
——キャロル・ドゥエック
『マインドセット―「やればできる!」の研究―』

今月の目標

- 子供たちにマインドセットについて教える。
- 成長志向の学級づくり。
- 保護者や子供たちと一緒に成長志向の環境をつくる。

アシュリーが幼稚園に入ってすぐ、担任の教師は彼女が固定的マインドセットの子供であることを見抜いた。アシュリーは、少しでも難しいことに直面すると、胸の前で腕を組んで怒ったように泣き、大きな足音を立てながらどこかへ行ってしまうのである。ちょっとできないことがあると、「もう絶対に幼稚園に行かない！」「できない。難しすぎる」などと言うのだ。

担任の教師は、アシュリーが成長的マインドセットになるよう綿密な指導を始めた。たとえば、すぐに諦めてしまったときは、またやってみるよう励ます。もう一度挑戦したときは、頑張ったことを褒める。そして、しばらくしたある日、固定的マインドセットと成長的マインドセットについて教えた。難しいことに挑戦したり、失敗から学んだりするのも、前向きに学んでいるうちに入ること。それから、間違えても落ち込む必要はないこと。なぜなら、失敗したおかげで脳は学び、育つのだから。さらに、アシュリーが失敗したり、イライラしたりしているときは、「ほら！　今あなたの脳が成長してるわよ！」と励ました。

そうやって、アシュリーは少しずつ学習における自信をつけていった。知らないことに挑戦したり、新しい友達をつくろうとしたり、その他にも勉強面と生活面の両方において、以前の彼女ならやらなかったであろうことにも取り組むようになったのである。全ては、担任が成長的マインドセットの力を教えたおかげだった。1年の終わりには、何事にも無関心で保守的だったアシュリーが、どんな困難も乗り越える自信に満ちた、好奇心旺盛な学習者になっていた。

アシュリーの場合のように、成長的マインドセットを教えることは、学業によい影響を与えることができる。さらに驚くのは、脳の発達と成長的マインドセットについてのレッスンをたった45分間受けるだけでも、効果があるらしいということだ。[※20]

成長的マインドセットを教える重要性についての研究

スタンフォード大学のＰＥＲＴＳ〔The Project for Education Research That Scales の略で、より平等でよりよい教育を行うための研究を行う機関〕は、キャロル・ドゥエック、同じくマインドセット研究の権威であるデイビッド・イエーガーと、数学におけるマインドセットについて書かれた"*Mathematical Mindsets*"〔マスマティカル・マインドセット〕（数学の授業に成長的マインドセットを活用したい先生は必読）の著者ジョウ・ボーラーが共同研究者に名を連ねる学習意欲についての研究を行う応用研究所だ。同研究所では、主にマインドセットの研究を行っており、２０１５年には理事長のデイビッド・パネスクと研究員たちによる「生徒の学習意欲と学業成績の向上のための有効な手段としてのマインドセットを強化する方法」についてまとめた論文を発表している。

パネスクと研究員たちが目指したのは、特定の学校だけでなく、国内全ての学校で生徒の学力を向上させる方法を考案することだった。そこで、彼らは2つの心理学的介入を使い、生徒の学力を上げようとした。[※21] 1つめは、「目的意識」と呼ばれる、子供たちが、教育がどのように長期目標の達成に役立つのかを理解するための介入法だ。要するに、多くの生徒がもっている「なぜ学ばなければならないのか?」や「この勉強は何の役に立つのか?」といった疑問に答えるものである。2つめは、「マインドセット介入」と呼ばれる、成長的マインドセットについて――とくに、誰でも学ぶことができ、学業におけるつまずきはプロセスに過ぎず、失敗や能力不足ではないということ――を理解するための介入法だ。

これらの介入が行われた生徒の3分の1は、高校を中退する可能性が高いと目された生徒たちだった。ところが、その彼らの成績を見てみると、介入を受けた生徒たちのＧＰＡ〔Grade Point Averageの略で、アメリカの中学・高校、大学で一般的に使われている成績評価方式〕が明らかに上がっていたのである。

別の研究では、マインドセットの訓練と成績や学習態度の向上には、深い関連性があることが分かった。また、ある研究では、マインドセットの訓練を受けた生徒のテストの点数が上がったことや、女生徒においては、訓練を受けた生徒が受けなかった生徒より数学でよい成績を収めていたことが分かった。つまり、長年言われてきた数学教育における性差は、マインドセットによって埋めることができるかもしれないのだ。[※22]

他にも、成長的マインドセットについて学んだ生徒の成績が上がり、その中でもとくにアフリカ系アメリカ人の生徒の伸び率が顕著だということが分かった。それだけではない。さらに彼らは、マインドセットの訓練を受けてからというもの、学校生活が有意義で楽しくなったと話しており、マインドセットには、性別のみならず、人種間の学力差をも埋められる可能性があることが判明した。※23

これらの研究結果は、私たちに何を伝えようとしているのだろうか？　成長的マインドセットを学んだ生徒は、何でも達成できることを学び、実際にそれを証明してみせた。彼らは、脳は成長することができ、そのためには挑戦し、努力しなければならないことを学んだ。そして、それを学業に活かすことができたのである。つまり、どんな目標も達成できると学んだ生徒は、高い確率でそれを実現できたというわけだ。

こうして、考え方をほんの少し変えるだけでも大きな変化が得られることが分かった。すると、次のような疑問が浮かんだ。

たった1度、それも45分間という短時間の介入でこれだけの結果が出たのなら、1年間、継続して成長的マインドセットのプログラムをやってみたらどうなるのだろう？

成長的マインドセットを学級に取り入れると決めたら、まずはそれがどういうもので、どうやって活用できるかを明確に教えられる必要がある。幼いうちに健康的な食生活の大切さを教えることで肥満や将来的な健康被害を防げることや、総合的な性教育と未成年における妊娠リスクの減少が関連することについては誰もが知るところだろう。ところが、自分がどんなふうにして学び、どうすれば脳がやる気になるかということに関しては、あまり語られていない。

世界中の教師と子供たちが毎日やっているはずのこと――つまり、学び、成長するプロセスに打ち込むこと――について考えようとしないというのは、おかしくないだろうか？　今こそ、私たちは変わらなければならない。そして、同じように感じているのは私たちだけではなかったのである。

成長的マインドセットの介入と子供たちの成績によい関連性があることが分かると、PERTSはマインドセット・キット（www.mindsetkit.org）を開発した。このキットでは、まさにこれから学級でマインドセットを教えたいと考えている教師にちょうどよい、無料で使えるレッスンプラン、アクティビティや動画を提供している。中には、あらゆる分野のレッスン動画をいくつも無料提供している、かの有名な教育系非営利団体、カーンアカデミーと提携し作成した成長的マインドセットのレッスンプランまであるから驚きだ。教師同士で成長的マインドセットの教材を共有し合えるリソース・ライブラリーもあり、どれも成長的マインドセットを教えるのに大いに役立つだろう。この章の最後のページにもマインドセットのよい教材となる本や映像のリストを載せたので、ぜひ参考にしてほしい。

『マインドセット――「やればできる！」の研究――』とマインドセット・キットに着想を得て、私たちは独自の成長的マインドセットのレッスンプランを作成した。今月のマントラを覚えているだろうか？　「誰でも学ぶことができる！」私たちは、子供たちがただこれを言うだけでなく、心から信じてほしいのだ。多くの子供たちは、アシュリーがそうであったように、すでに固定的マインドセットが深く根づいてしまっているだろう。多少は説得力のある説明がなければ、「誰でも学ぶことができる！」なんて簡単には受け入れられるはずがない。そこで、あなたが成長志向の学級づくりに乗り出すのにガイドとなるレッスンプランを作っておいた。成長的マインドセットは、幼稚園の年長から大学生までの子供たちが簡単に理解し、練習できるほど分かりやすくはあるが、誰にでも使える決まりきった教え方というものがない。このレッスンプランは、あなたが勤める学校の校風、子供たちや学級の雰囲気についてよく考え、あなたや子供たちに合わせて調整した上で活用してほしい。

成長的マインドセット　レッスンプラン

レッスンの目的

このレッスンの終わりまでに子供たちができるようになること：
・成長的マインドセットと固定的マインドセットの違いを説明する。
・成長的マインドセットと固定的マインドセットの例を分類する。
・人は誰でも学ぶことができ、学習レベルは人それぞれ異なるということを理解する。

準備

子供たちの意欲をかき立てるには、学びに適した環境づくりと、成長的マインドセットを育む必要がある。これまでに、多くの研究者や教育者が子供を成長的マインドセットにする方法を考案してきた。ここでは、子供たちに両方のマインドセットについて分かりやすく教え、彼らがそれぞれについて理解し、脳について学び、育てるアクティビティをいくつか紹介したい。

必要なもの

・パソコンやプロジェクター
・YouTubeへのアクセス
・ブレインストーミングやウェビングに使うホワイトボード（書くことができ、みんなから見える大きなボードなら他のものでも可）
・Tチャートやfoldable〔紙を折ったり重ねたりして、複数のページに絵や文字を書いて使うことができる。以下、「めくり式チャート」と訳す〕などのグラフィックオーガナイザー
・マーカーペン、クレヨン、鉛筆

レッスンのポイント

人はどのように新しいことを学ぶのか？
成長的マインドセットはどんなふうに学習に役立つのか？
固定的マインドセットと成長的マインドセットの知識は目標達成にどうつながるのか？

パート1

誰でも学ぶことができる！

ステップ1：準備する

動画を見せる前に、次の2つの質問について、**考える、絵をかく、文章を書く、**のどれか1つを選ばせる。

・新しいことを学んだときのことを思い出そう。どうやって学んだ？　ステップごとに説明しよう。

・失敗したときのことを思い出そう。どんな気持ちになった？　その後はどうなった？

追加アクティビティ（任意）：

成功や失敗によって引き出される子供たちの感情をさらに知りたい場合は、このアクティビティをするとよい。実際の学習体験を、4コマ漫画、詩、歌や短い動画などを使って表現させる。

ステップ2：動画を見て話し合う

カーンアカデミーの"You Can Learn Anything"「ユー・キャン・ラーン・エニシング」（90秒）を見る。この動画では、シェイクスピアにもアルファベットを勉強した時期があったことや、アインシュタインにも10まで数えられない時期があったことを紹介している。子供たちに、各分野で活躍した人たちが成功するために学ぶ必要があったことは何かを考え、文章に書かせよう。たとえば、セリーナ・ウィリアムズはまずテニスボールを打つ練習をしただろうし、マーク・ザッカーバーグはパソコンでタイピング練習をしたはずだ。何人かの子供たちに、思い浮かべた人物を発表してもらう。

ステップ3：考える

上の学年の子供は、少人数グループに分け、これまでに学んだことと、学ぶために必要だったことをTチャートにまとめさせる。

下の学年の子供は、4分割しためくり式チャートの上の部分にこれまでに学んだことの絵をかかせる。そして、その下の部分には学ぶために必要だったことの絵をかかせる。たとえば、上の部分にはサッカーボールの絵をかき、下の部分には、サッカーに必要と思われる、歩いている人や走っている人の絵をかく。

名前：

学んだことは……

Tチャート（見本）

学んだこと	学ぶために必要だったこと

めくり式チャート（見本）

ステップ4：「レッスンのポイント」とのつながり

ここまでのステップで、「授業のポイント」の1つめの問い：人はどのように新しいことを学ぶのか？　に答えられるはずだ。私たちは、習得したスキルを積み重ね、失敗をしても諦めず、脳を育てているのである。

ステップ5：説明する

子供たちに、あなた自身が学ぶのに苦労した体験について話す。具体的にどうやって苦難を乗り越えたか説明する。そのとき、次の3つの点に触れよう。

・どんな努力をしたか
・あなたが使った問題解決の方法
・どうやって周りの人たちに助けを求めたか

ステップ6：やってみよう：考え、パートナーを組み、共有する

子供たちは、パートナーに自らの体験について話す。

まず、自分たちが学ぶのに苦労した体験について**考えさせる**。次に、**パートナーを組み、**実際に体験した内容、その体験から学んだこと、そして、その結果どうなったかを**共有させよう**。もち時間は一人1分とし、パートナーを変えながら、何人かのクラスメイトと話

せるようにする。

パート1の終わりに：パート1とパート2を組み合わせてもよいし、今回はパート1だけにしてパート2を次回のレッスンで行ってもよい。

パート2　成長的マインドセットと固定的マインドセット

ステップ1：自己評価

子供たちに次のマインドセットテストを使って自己評価をさせる。

やり方：それぞれの文章を読み、**「そう思う」**または**「そう思わない」**を丸で囲む。

1・努力しなければいけないということは、自分の頭がよくないということだ。

そう思う・そう思わない

2・難しいことに挑戦するのは好きだ。

そう思う・そう思わない

3・失敗は恥ずかしいことだ。

そう思う・そう思わない

4・人から頭がよいと言われるのが好きだ。
そう思う・そう思わない
5・難しいことやイライラすることはすぐやめる。
そう思う・そう思わない
6・学ぶことも多いので、失敗しても気にならない。
そう思う・そう思わない
7・自分には絶対にできないことがある。
そう思う・そう思わない
8・人は、努力すれば学ぶことができる。
そう思う・そう思わない
9・人は、生まれたときから「頭がよくない」「普通」「頭がよい」のどれかに決まっていて、それは一生変わらない。
そう思う・そう思わない
10・完璧じゃなくても、一生懸命にやるのは気分がよい。
そう思う・そう思わない

奇数（1、3、5、7、9）の文章で「そう思う」を丸で囲んだ数 □

偶数（2、4、6、8、10）の文章で「そう思う」を丸で囲んだ数 □

自己評価テストの結果：奇数の文章は固定的マインドセットの特徴を、偶数の文章は成長的マインドセットの特徴を表している。子供たちに、「固定的マインドセット」「成長的マインドセット」あるいは「両方のマインドセットが少しずつ混ざっている」のどれに当てはまったか聞く。

追加アクティビティ：子供たちは「そう思う」を丸で囲んだ奇数の文章の数と「そう思わない」を丸で囲んだ偶数の文章の数を足し、合計点数を算出する。10点なら、かなり強い固定的マインドセット、また、0点なら、かなり強い成長的マインドセットだということになる。子供たちの結果をチャートにまとめ、それを使い、ほとんどの人が固定的マインドセットと成長的マインドセットが少しずつ混ざっていることを説明する。

ステップ2：マインドセットをさらに詳しく理解する
固定的マインドセットと成長的マインドセットの定義を再確認する。
固定的マインドセット：知能やその他の資質、能力、才能は生まれもった固定的な性質なので、大幅には高められないという考え。
成長的マインドセット：知能やその他の資質、能力、才能は時間をかけて努力し、学ぶことで高められるという考え。

以上の内容を教室の目立つところに貼り、子供たちがいつでも見られるようにする。
子供たちの自己評価テストの結果を確認し、誰もが固定的マインドセットと成長的マインドセットの両方をもっていること、この1年で成長的マインドセットを鍛える方法を一緒に学ぶことを説明する。そのためには、マインドセットをきちんと理解し区別できるよう、両方のマインドセットについてさらに詳しく学ぶ必要がある。

ステップ3：マインドセットを区別する
上の学年の子供には、これまでに見聞きしたことがある、それぞれのマインドセットの人の言動や態度を思い出してもらう。思いついたことを付箋紙に書かせる。

次の項目を含む大きな表を作成する：学校、人間関係、課外活動や趣味、仕事や家の手伝い。完成した表は教室の壁に貼る。

付箋紙に書かれた成長的マインドセットと固定的マインドセットの例を4つの項目に分類させる。たとえば、固定的マインドセットなら「バスケットボールは苦手なので、バスケ部の入部テストは受けない」（課外活動や趣味）「（自分は）どちらかといえば理系ではない」（学校）「彼女はうそをついたので、もう二度と信用しない」（人間関係）「やり方が分からない仕事は上司に聞く」（仕事や家の手伝い）のように分ける。

下の学年の子供には、それぞれのマインドセットの考え方や質問をまとめた表（次ページ見本参照）をつくる。表の内容を大きな声で読み上げ、固定的マインドセットと成長的マインドセットのどちらに当てはまるか学級全員で考える。このとき、それぞれのマインドセットについてもう一度詳しく説明しよう。たとえば、1つめが「頭がよい人は他の人より早く理解できる」なら、人はそれぞれに学習レベルが違うこと、そして誰しも学習プロセスにおいて苦難があることを話す。子供は、表に自分たちの意見を書き足してもよい。

考え方と質問（見本）

	成長的マインドセット	固定的マインドセット
頭がよい人は他の人より早く理解できる		✔
失敗したら頭がよくないと思われる		✔
課題に先生がコメントをつけたのは私のためだ	✔	
私の脳はそんなに成長できない		✔
私の脳は努力次第で成長できる	✔	
誰でも頑張れば何だってできるようになる	✔	
私は失敗から学ぶことができる	✔	
どちらのマインドセットが「まだ」という言葉を使う?	✔	
どちらのマインドセットが「できない」という言葉を使う?		✔
上達することは、よい成績をとることより大切だ	✔	
(考え方や質問のアイディアを子供たちに聞く)		

ステップ4：追加アクティビティ（任意）

固定的マインドセットと成長的マインドセットの違いに対する認識をさらに深めたい場合は、それぞれのマインドセットを区別する次のようなアクティビティをするとよいだろう。

下の学年の子供の場合：

少人数のグループに分け、それぞれのマインドセットを表すことが書かれたカード（次ページ参照）を数枚ずつ配る。子供たちは、カードの内容を確認し、どちらのマインドセットに当てはまるかについて話し合う。

上の学年の子供の場合：

子供たちは、カードをそれぞれのマインドセットに分類する。その後、ブレインストーミングを行い、固定的マインドセットを表すカードは、成長的マインドセットを表すように書き直す。たとえば、「自分はこれは得意ではない」を「自分はこれをもっと練習しなければならない」に変える。

成長的マインドセットを表すカードを教室の壁に貼る。そして、あなたが子供たちに成長的マインドセットを強化する努力をしてほしいと思っていることを伝えよう。

固定的マインドセットの考え方	成長的マインドセットの考え方
自分に算数は向いていない	自分には脳を育てることができる
これは得意ではない	やり方を変えてみよう
学級で一番頭がよいのはあの子だ	頑張ってよかった
成長するより試験の点数の方が大切だ	今はまだできないだけ
思い切って挑戦するより頭がよく見える方がよい	人は変わることができる
自分は絶対に頭がよくならない	学びには前向きな姿勢が大切だ
人に間違いを正されると頭が悪い人の気持ちになる	問題解決は得意だ

ステップ5：文章にする（絵でもよい）

成長的マインドセットを強化するためにしようと思っていることを文章や絵で表現させる。うまくできない子には、達成したいことや達成するまでに考えられる挫折や失敗の乗り越え方を具体的に考えるよう促す。

完成した文章や絵を発表させる。あなたも発表すること！

ステップ6：詳しく説明する

学級全員が学べる教室づくりの大切さについて話し合う。このとき、学び方は人それぞれ違うことを明確に伝える。学力向上を目指す人や社会的目標の達成を目指す人もいれば、まだはっきりとした目標が見つかっていない人もいることを説明しよう。

ステップ7：学級の文化を明確にする

成長志向の教室のルール、ガイドラインや期待することについてブレインストーミングを行い、リストにする。自分や学級全員の成長的マインドセットを強化するにはどんなガイドラインが必要か聞く。例：「他の人が失敗しても笑わない」「誰でも学べることを忘れないようにする」「一度でできなくても、別の方法はないか考える」「お互いに助け合うことを恐れない」。

ステップ8：次回の「脳を育てる」レッスンに向けた準備をする

71ページにあるような脳のイラストが2つかかれたプリントを配り、それぞれの脳が成長的マインドセットの脳と固定的マインドセットの脳（これまでで理解した範囲でよいので、各マインドセットの特徴を表す絵や文章を書き入れる）になるようにさせる。

ステップ9：評価する

・子供たちは、それぞれのマインドセットに対する理解を深められるよう意見を共有するなど、協力し合うことができている。

・子供たちは、話し合いや、それぞれの脳のイラストから分かったことを発表することができている。

・子供たちは、学んだことを正確に説明でき、学級で期待されていることや、また、このレッスンプランの最初にあった「レッスンのポイント」の3つの質問に結びつけて考えることができている。

ステップ10：フィードバック

子供たちに建設的なフィードバックを行い、課題を全てやり終えたことを褒めよう。心を込めて、分かりやすい言葉で努力したことを評価する。例：「成長的マインドセットの例を頑張って考えたね」や「脳のイラストの課題ではよく考えて工夫していたね」。

それから、成長志向の教室において効果的なフィードバックをすることを学んだ自分を褒めることも忘れないようにしたい。そして、教師であるあなた自身も、学び、成長している途中だということを子供たちに伝えよう。

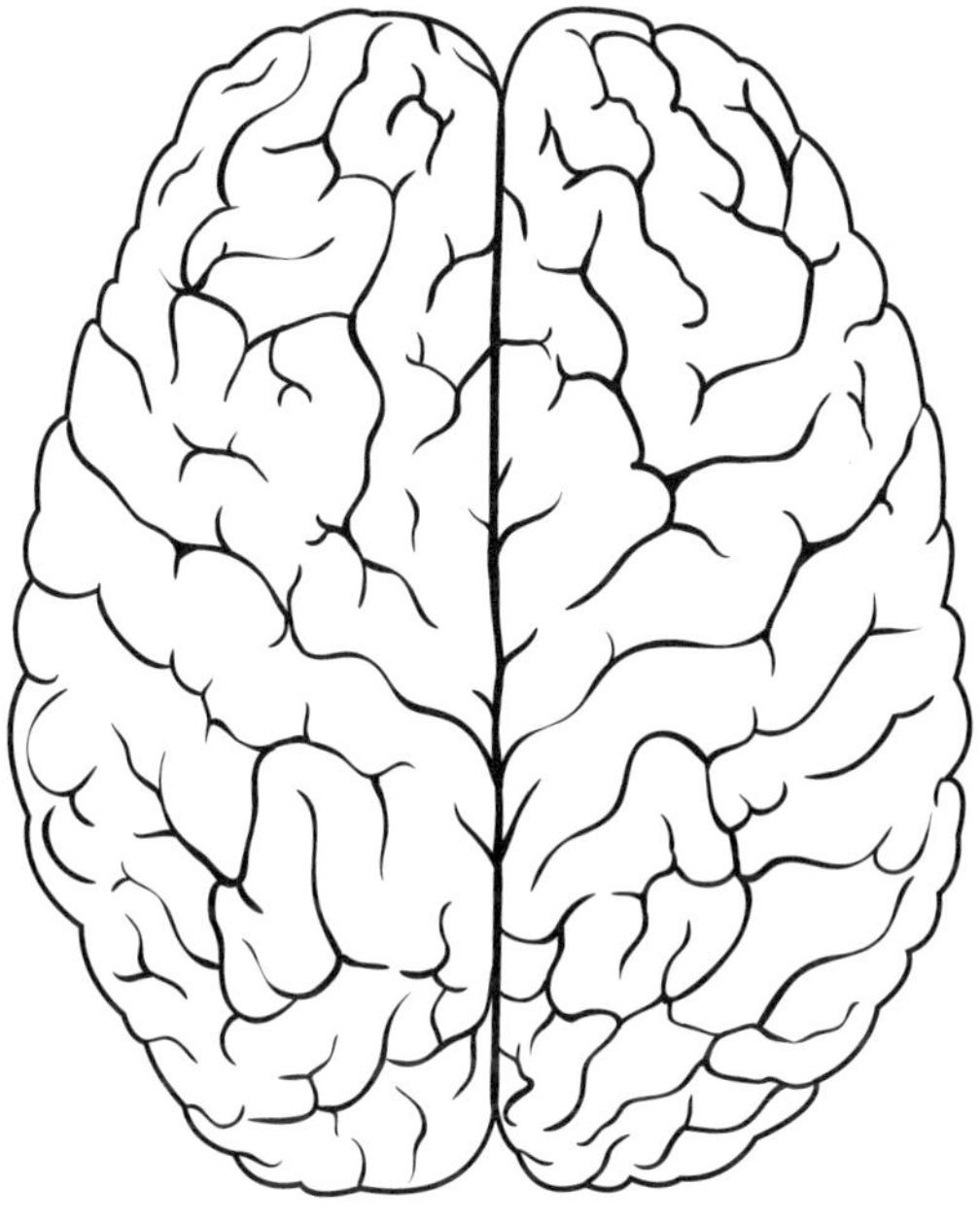

上のような脳のイラストを一人2枚ずつ配り、これまでに理解した範囲でよいので、成長的マインドセットと固定的マインドセットの脳になるよう、それぞれの特徴を表す絵や文章を書き入れさせる。

振り返りノート（教師用）

どのレッスンにおいても、振り返りは重要だ。次のうち、最低1つの問いに答えるかたちで、今回のレッスンでうまくいった点と次回のレッスンで改善すべき点について記録しておこう。

- 今回のレッスンでうまくいった点は?
- 今回のレッスンの改善点は?
- 来月のレッスンに向けてすべき準備は?
- 成長的マインドセットのレッスンの将来的な目標は?

成長的マインドセットゾーン

この1年を成長の年にするには、教室を成長的マインドセットゾーンにすることが肝心だ。もちろん、ここでの「成長的マインドセットゾーン」とは、「批判禁止ゾーン」でもある。『マインドセット――「やればできる！」の研究――』の中で、ドゥエックは次のように書いている：「批判にはほとんど何の価値もない。子供たちが学習に集中できるようにすることこそが成長への鍵である」[※24]。そこで、学級の成長的マインドセット精神の基盤となるガイドラインづくりから始めよう。このガイドラインを子供たちと共有し、日常の習慣や教室での対話に取り入れることで、成長的マインドセットゾーンをつくることができる。

実際に、成長的マインドセットの大切さを子供たちに伝え続けている教師の様子を見てみよう。幼稚園の教師をしているH先生は、5、6歳児に成長的マインドセットを教えるようになってもう数年になる。彼女がどのように子供たちに成長的マインドセットを教え、日々の学級で活用しているかについて、次の振り返りノートを読んでもらいたい。

成長の場（H先生の振り返りノートより）

私が担任する幼稚園の学級では、毎年、一人一人の子供はもちろんのこと、学級全体が問題解決の名人になるという決意をしてスタートします。一番大切にしているルールは、いつでも前向きに学ぼうとする、ということです。前向きに学ぶというのは、もちろんマインドセットのことなのですが、子供たちは前向きに学ぶことで成長できることを知っています。私たちは、教室が学びの場となるよう、必ず次のような宣誓をして1日をスタートしています。

「今日、ぼくたち私たちは：

前向きに学びます。

積極的に学んで脳を育てます。

そして、問題解決の名人になります」。

子供たちは、体を動かしながらだと覚えが早いことが多いので、それぞれのパートに動きをつけました。「前向きに学びます」のところでは、大きな笑顔を作り、両方の親指をそれぞれの頬にあてて頭を左右に動かします。「積極的に学んで脳を育てます」のところでは、両手を頭の上で動かして脳が育つのを表現します。最後に、「そして、問題解決の名人になります」のところでは、世界共通の「一生懸命考える」ことを意味する、人差し指で頭を指すポーズをとります。みんなで宣誓をしながら体を動かすことで、その日の気分を高めることができます。

とくに時間をかけて教えているのが、前向きに学ぶ姿勢には、困難な状況にも立ち向かい問題を解決し、失敗から学ぶことも含まれるということについてです。子供たちのよいお手本になるように前向きに学ぶ姿勢と、その逆の姿勢について、子供たちの前で実際にやってみせることもできます。

問題解決についても同じように教えますが、これに関しては、よりはっきりと分かりやすくする必要があります。そのため、私が問題を解決するところを実際に見せたり、問題解決のテクニックを教えたり、子供たちが問題解決に向け一生懸命に取り組んでいたら褒めるようにしています。

その一環として、必ず、年度始めすぐの頃に、問題を解決できない人を演じることにしています。何か分からないことがあったときに、子供たちの前で突然にジタバタと騒ぎ、泣き、ふくれっ面をするのです。「こんな問題分からない！」「こんな問題できない！」と叫ぶと、子供たちはとても驚いた表情で私を見ます。目の前で、教室の床に転がって癇癪《かんしゃく》を起こす先生の様子にただただ驚く子供たちの注目を集めたところで、「こういうとき、本当はどうすればいいと思う？」と聞きます（中には、私の迫真の演技が終わる前に、そばへやってきて助けてくれようとする子もいます）。すると、たくさんの手が挙がり、前向きに学ぶ姿勢を取り戻すためにできることがいくつも飛び交います。毎回このあたりで問題解決の方法をブレインストーミングをすることが多いのですが、たとえば、次のような案が出たとします。

・学級の友達や先生に助けてもらう

・前の授業のプリントを見る
・問題が解けるまで何度でも挑戦する
・他の解き方を考える
私は、成長したい分野やペースは人それぞれであることを理解し、受け入れる雰囲気をつくることには大きな価値があることを学びました。子供たちは、自分たちがそれぞれに各々のやり方で脳を育てようとしていることを理解しています。アルファベットや数字を覚えようとしている子もいれば、友達に優しくできるよう頑張っている子もいます。私たちは一人一人が素晴らしい学習者となり、周りの人たちもそうなれるよう助け合わなければなりません。そのためには、成功談や失敗談を共有し合ったり、友達に助けを求めたりするなど、成長的マインドセットを使うことで、このような環境にすることができます。

成長志向の学級の特徴

H先生は、初日に成長的マインドセットを教えたきり、あとは何もしないわけではない。彼女は、成長的マインドセットを日々の習慣として学級に取り入れている。しばらくすると、子供たちの会話の中にも成長的マインドセットが出てくるようになるという。H先生は、「困っている子に『どうやったら問題解決の名人になれるか考えてごらん?』と他の子が言っているのを聞くのより嬉しいことはありません」と言う。

彼女の学級のように、成長的マインドセット文化は、全てのカリキュラムのベースとなるべきだ。また、教室そのものについても同じことが言える。だからといって、「成長的マインドセットの子供以外立ち入り禁止」と書かれたサインをぶらさげておくとか、成長的マインドセットを促す内容のポスターを教室中の壁に貼るべきだと言っているのではない。では、どうするのかというと、自然と成長志向になってしまうような教室づくりをするのである。掲示物、作品の展示の仕方や机や椅子などの配置を少し工夫するだけで、簡単に成長的マインドセットのメッセージを子供たちに送ることができる。次の表に、いくつかの案をまとめた。

特徴	成長志向の教室	固定志向の教室
子供の作品の展示	どの作品にも子供たちの努力が表れている（消しゴムの跡や赤ペンで修正された跡、など）。	どの作品も間違えた形跡はなく、ほぼ完璧な仕上がりになっている。
教室のルール	成長的マインドセットを強化するポジティブな内容のガイドライン（H先生の学級にあるような）が貼ってある。	失敗とはどういうものかを表すため、あらゆる禁止事項をまとめた長いリストが貼ってある。
机や椅子などの配置	子供たちがグループで座れるようになっているか、すぐにグループをつくれる配置になっている。キャスター付きの机や椅子があるとさらによい。	机は前を向いてきちんと整列していて、簡単にはグループ作業ができない配置になっている。
壁の掲示物や飾りつけ	これまでで、とくによいと思ったのが、「言葉を変えて、マインドセットを変えよう」という、固定的マインドセットから成長的マインドセットになろうというメッセージが込められた標語だ。たとえば、「こんなの絶対に分かるようにならない」は「この難しい問題のおかげで脳が成長できる」に変える。他に、「失敗しよう」という面白い標語もあった。	「練習あるのみ」や「あなたは素晴らしい!」は、練習すれば必ず成功するわけではないし、現時点で全員が無条件で素晴らしいということではないため、よい標語ではない。標語をつくるときは、成長的マインドセットのレンズを通して考え、意味がある内容にする。
教師の机	子供が近くに来やすいよう、教室の1番前にある。もっとよいのは、教師の机は置かず、教師が常に教室の中を動き回るスタイルだ。そうすることで、いつでも質問できる雰囲気にすることができるだけでなく、その場で教えることができる。	教師の机は教室の1番後ろにあり、そこからは子供たちの後頭部しか見えない。子供たちが、質問をしたり、教師と目を合わせたり、あるいは物理的に教師の近くに行ったりすることができない。
フリースペース	長いすやビーズクッションが置かれたスペース、そのときどきに応じて自由に使えるフリースペース、グループ作業時に使える予備のホワイトボードやクッションテーブルがあるスペース、ノイズキャンセリングヘッドフォンを使って集中して作業できる「無音スペース」など、成長志向の教室には、様々な学び方や、そのためのスペースが設けられている。	フリースペースという発想がない。子供たちは、それぞれ決められた席について、同じように授業を受けることが求められているため、様々な学び方ができる環境の教室とは言えない。
教室の運営	注意をしなければならないときは、他の子供たちの前は避け、本人を最大限に尊重する。見せしめのような注意の仕方をすればどうなるか考えてみよう。	課題を未提出の子供たちの名前が、学級の全員によく見えるようボードに書かれている。また、子供たちの態度についての評価表には、態度が悪かった日には大きなバツ印がつけられていたり、直接本人にレッドカードを渡すこともある。

成長志向の教室とは、努力には価値があることを伝える環境であるべきだ。リスクを冒すことや挑戦に立ち向かうことが重んじられ、分からないことを聞いたり、失敗しても安全な場所でなければならない。挑戦すること――そして、そのために仕方なく失敗した場合でも――に価値を置き、努力より完璧であることを重視するようなことは絶対にあってはならない。

保護者にも協力してもらう

教室自体が成長志向のメッセージを伝えるのはもちろんだが、あなたは学級のリーダーとして、他にもよい方法を考える必要がある。学級における成長的マインドセットの価値を強化するのにとくに効果的なのが、保護者にも成長的マインドセットを知ってもらうことだ。年度始めの頃に、子供たちに成長的マインドセットについての手紙や本を家へ持ち帰らせるとよいだろう。そうすることで、あなたの学級では、テストの結果や成績が全てではなく、子供たちの成長や上達を重視することを知ってもらえる。

保護者へ向けた、成長的マインドセットを説明し、家庭でできることを伝える手紙の例は次のとおり：

保護者の皆様へ

私は成長的マインドセットの力を強く信じており、全ての子供が学び、成長できるという信念のもと毎年その1年をスタートしています。成長的マインドセットとは何なのか？　簡単に説明しますと、知能や能力は固定された性質でも、生まれつき限界が決まっているものでもないという考え方のことです。どの子も、諦めずに努力をすれば必ず学力は向上します。

教室では毎日、お子様たちに成長的マインドセットに打ち込んでもらいます。また、学習面では挑戦することが求められます。子供たちは、頭の回転の速さや生まれもった知能の高さではなく、学習を強い意志でやり抜くことを称賛されることで、これまで考えてもみなかった成長を遂げることでしょう。

ただし、これらは私一人の力では達成することができません。ぜひ、保護者の皆様にもご協力いただく必要があります。具体的に何をすればよいかといいますと、ご家庭におかれましても、お子様の成長を重視するようにしてください。私は、テストの点数が全てだとは考えていません。もちろん、子供たちの伸び率を見る、一人一人の子供に合った指導法を考えるには大切なデータとなるかもしれませんが、最も重要なのは子供たちの成長です。たとえば、前回のテストで55点だった子が、今回のテストでは68点だったとしましょう。このとき、私たちには2つの選択肢があります。68点をDプラスという不名誉な成績とみるか、授業の内容がぐんと分かるようになったことを喜ぶか……。私は後者を選びます。Dプラスを祝してパーティーをしよう！　と言っているのではありません。ただ、その子のスタート地点から、少しずつ上達していることにも目を向けてほしいのです。私の考えとしては、どんなにささいなことであっても、上達し続けることが重要だと思っています。

ご家庭で成長的マインドセットを強化するためにできることをいくつかご紹介します：

・学校で難しい問題や新しい問題にも挑戦するよう励ます。
・授業内容を簡単に理解できたことより、一生懸命に理解しようと努力したことを褒める。
・学級の学習内容がお子様にとって簡単すぎるときはご連絡ください。本人に合う難易度になるよう調整します。
・課外活動でも、諦めなかったことや努力について褒める。たとえば、「バスケットボールの試合でいっぱい点数を入れられてすごいね」ではなく、「バスケットボールの試合で一生懸命頑張っていてすごいね」の方がよい。

ぜひ、保護者の皆様も私と一緒に、成長的マインドセットの旅にご参加いただけますよう、よろしくお願いいたします。皆様のご協力なくして成し遂げることはできません。また、質問や気になることがありましたらいつでもご連絡ください。

お子様の担任教師より

子供たちを成長的マインドセットにする旅には、保護者の参加は必要不可欠だ。どんなに学校で成長志向になるよう指導しても、家で固定志向のメッセージばかり聞かされていたのでは意味がない。全ての保護者が喜んで協力してくれるとは限らないが、多くは賛同してくれるはずだ。知らないうちに我が子に固定志向のメッセージを送り続けている保護者の多さを知ったら、あなたはびっくりするだろう。

『マインドセット―「やればできる!」の研究―』の中で、ドゥエックは次のように書いている。「『今日はどうやって我が子の心を傷つけ、努力を台無しにし、勉強する気を喪失させ、成功を奪おうか』などと考えている保護者はいない。むしろ、『我が子の成功のためなら何でもするし、何でも手放せる』と思っている保護者がほとんどだろう[※25]」。実際に、私たちが出会った保護者の多くがそう考えていた。だからといって、日頃自分が子供を褒めたり励ましたりするのに使っている言葉の中に、子供を傷つけ、固定的マインドセットを助長する言葉が含まれていることに気づいているとは限らない。保護者が、「やったね!」や「頭がいいのね!」と言うとき、彼らは我が子を喜ばせようとして言っているのである。私たちの経験からして、より健全で効果的な褒め言葉や意欲をかき立てる方法を提案すれば、ほとんどの保護者は喜んで応じてくれる。全ての保護者に共通しているのが、子供にとって最善を望む気持ちだ。

保護者と成長的マインドセットに関するコミュニケーションを維持するには、子供の成長の様子を定期的に報告するシステムをつくるとよいだろう。年度が始まって早い段階で、保護者

ジャック　の成長メモ

このごろ、ジャックは算数をよく頑張っています。毎日のミニテストの平均点が65から76に上がり、とても前向きに学ぼうとしている様子がうかがえます。一生懸命取り組む姿がとても嬉しかったので、保護者の方にも知っていただきたいと思いました。

頑張れ、ジャック！

B先生より

に子供に最も大きな成長を望む分野についてのアンケートを実施するか、子供がとくに頑張っていることについて報告する（それが点数や成績に表れていない場合はなおさら）のもよいだろう。

学習における最大の目的は成長であることを改めて伝える「成長メモ」の例は上のとおりである。

資料リスト

教室に成長的マインドセットの精神を定着させ、家庭でも保護者に協力してもらうにあたり、たくさんの資料が必要となるだろう。そこで、教師が成長的マインドセットに対する理解を深め、子供たちにそれを分かりやすく伝えるのに役立つ本や音楽、映画、その他の資料をリストにまとめた。〔本は、邦訳があるものについては邦訳版を、ないものは原著をそのまま示した。映像類も同様、日本で未公開のものや字幕のない動画は原題を記した〕

本

『やっちゃた…でもだいじょうぶ！』バーニー・ソルトバーグ著、おがわやすこ訳（大日本絵画、２０１２年）
『てん』ピーター・レイノルズ著、谷川俊太郎訳（あすなろ書房、２００４年）
"*Everyone Can Learn to Ride a Bicycle*" by Chris Raschka (Schwartz & Wade, 2013)
『クジラにあいたいときは』ジュリー・フォリアーノ著、金原瑞人訳（講談社、２０１４年）
『っぽい』ピーター・レイノルズ著、なかがわちひろ訳（主婦の友社、２００９年）
"*The Most Magnificent Thing*" by Ashley Spires (Kids Can Press, 2014)
『きみの行く道』ドクター・スース著、いとうひろみ訳（河出書房新社、２００８年）
『しっぱい　なんか　こわくない！』アンドレア・ベイティー著、かとうりつこ訳（絵本塾出版、２０１７年）
"*Your Fantastic Elastic Brain: Stretch it, Shape It*" by JoAnn Deak (Little Pickle Press, 2010)

映画

『ベイマックス』（ディズニー、２０１４年）
『くもりときどきミートボール』（ソニー・ピクチャーズ・アニメーション、２００９年）
『イーグル・ジャンプ』（マーヴ・フィルムズ、２０１６年）

『インサイド・ヘッド』（ディズニーピクサー、2015年）
『ミラクル』（ディズニー、2004年）
『ルディ／涙のウイニング・ラン』（トライスター、1993年）
"*Spare Parts*"（パンテリオン・フィルムズ、2015年）
『ズートピア』（ディズニー、2016年）

動画／テレビ番組

"*Austin's Butterfly: Building Excellence in Student Work*"（EL Education）
『ケインのゲームセンター』（ニルバン・マリックによるショートフィルム）
"*Growth Mindset for Students*"（ClassDojo.com）
"The Power of belief" by Eduardo Briceno（TEDxManhattanBeach、2012年11月）
『あなたは何でも学ぶことができる』（カーン・アカデミー）
『必ずできる！―未来を信じる「脳の力」―』（TEDxNorrkoping、キャロル・ドゥエック、2014年11月）

歌

"The Climb"（マイリー・サイラス）
"Don't Give Up"（ブルーノ・マーズ歌、セサミストリート）
"Fall Up"（Sus B）

"Firework"（ケイティ・ペリー）
"Power of Yet"（ジャネール・モネイ歌、セサミストリート）
"What I Am"（ウィル・アイ・アム歌、セサミストリート）

あなたが成長的マインドセットのお手本を示し、実際に世界における成長的マインドセットが使われた例を伝え、教室で成長志向の姿勢を評価し続けることで、子供たちにもその影響が表れてくるはずだ。しかし、もしあなたが口では成長的マインドセットを重視すると言いながら、実際には成長より完璧であることを高く評価していたとしたら、子供たちはすぐに完成度の高さばかりを求めるようになってしまうだろう。成長的マインドセットでは、1度でできることよりも、成長こそが学習の目標であることを忘れてはならない。どの子供も、最初から完璧な成長的マインドセットの使い手になるのは不可能だ。彼らが成長的マインドセットを使えるようになる様子を温かい目で見守りつつ、自分自身についても、同じように気長に構えるようにしよう。

それぞれのマインドセットの違いがよく分かったところで、来月はマインドセットを科学的に概説する。科学者たちの世界には次のような格言がある：

"Neurons that fire together, wire together"「ともに発火すれば、ともに結びつく」。努力は成功へ続く道であることを子供たちに伝えるにあたり、学習における脳の情報処理の仕組みを理解することは必要不可欠だ。

Chapter 3

6月

脳は筋肉みたいに鍛えられる！

知性を計る物差しは、変化する力である。
――アルベルト・アインシュタイン

今月の目標

・子供たちと一緒に神経可塑性について学ぶ。
・脳を中心とした教え方を試し、応用する。

数学脳という神話

ACT――アメリカの北西部で大学入試の一部として実施される試験――を受験した数週間後、デブにスコアが郵送されてきた。それによると、数学が36点中19点、リーディングが36点中32点だった。なぜ、こんなにも点数の開きがあるのだろう？　リーディングでは全国の受験者中トップ10パーセントと高得点なのに、数学の点数が極端に低いのはどうしてなのか？　はじめは「私は理系人間じゃないから」と言っていたデブだったが、それぞれの教科の学習歴を詳しく聞いてみると、意外な事実が浮かび上がってきた。

幼少期の頃、デブは周りの子たちとくらべ、かなり早い時期から字が読めたという。学童期に入ると、生まれもった読む能力を周りから称賛されるようになり、学級の前で音読をするよう言われたり、読むのが苦手なクラスメイトを手伝うよう言われたり、少人数グループに分かれての読書の時間には、読解力が高い子たちのリーディンググループに入れられたりした。さらに、週末には地域の図書館で何十冊もの本を借り、次々とむさぼるように読んだという。その後、中学・高校へ進学すると、演劇、現代文学、ジャーナリズムやクリエイティブライティング〔テーマに沿って様々な文章を書く科目〕など、大好きな読み書きに関する授業ばかりを選択した。彼女が大学で何を専攻したか分かるだろうか？　そう、英文科だ。

一方の数学の学習歴は、読み書きの学習歴とはまったく異なっていた。デブは、幼い頃は算数も得意で、学校のカリキュラム外の算数コンテストで勝ったこともあったという。ところが、小学5年生のとき、地域の算数コンテストに出場するチームの選抜テストで不合格になってしまった。その後のことはあまり覚えていないと言い、記憶にあるのは、中学生の頃には数学嫌いになっており、高校では、必修でしか数学の授業は受けなかったことだけだという。一体、どうして英語の授業で大活躍できる人間が、わざわざ選択科目で三角法や微分積分をとってまで苦労したいというのだろう？

では、彼女のACTのスコアは、本人が最初に言ったとおり、彼女が「理系人間」じゃないことを示しているのだろうか？　それとも、彼女の英語の豊富な学習歴と数学の不足のある学習歴を反映しているのだろうか？　デブは、自分は「理系人間」じゃないと思っていたが、それぞれの学習歴を振り返った結果、これまで自分が選んできた道――そして避けてきた挑戦――が自分を「理系人間」になることから遠ざけていたことに気がついた。つまり、彼女が「理系人間」じゃないのは、そうなろうとしてこなかったからだったのだ。彼女は、言語の達人になるのに一生懸命で、難しい数学は避けてきたのである。

「理系人間」の神話を信じているのは、デブだけではない。数学の才能は遺伝すると思っている人はたくさんいる。つまり、「理系になれるかどうかは生まれたときから決まっている」と。私たちが言っていることが信じられない？　“not a math person”（理系じゃない）でGoogle検索をかけると、7万件以上もヒットするので確認してみてほしい。

変化する脳

脳は、頑張らせれば驚くほど成長し、変化することができる。デブの例では、数学において練習や挑戦をしなかった結果、彼女の脳の数学に関する分野は成長しなかった。反対に、読み書きでは常に練習と挑戦を繰り返していたため、脳のその分野は花開いたのである。近年、脳の神経可塑性――つまり、脳の変化・発達・新しく結合する能力――に関する新しい研究が次々と行われており、神経科学の世界で長い間信じられてきたことを覆す新事実が発覚した。最新の研究によると、人の脳は努力と訓練によって生涯を通して驚異的に変化し続けるという。いくつかの例を挙げよう：

・"*Journal of Neuroscience*"（ジャーナル・オブ・ニューロサイエンス）に掲載された研究結果によると、生まれつき聴覚障害をもつ人の脳では、音を処理するための分野が触覚や視覚分野を助ける働きをするよう変化することが判明したという。[※26]

・神経科学者で『あなたの脳のはなし：神経科学者が解き明かす意識の謎』の著者、デイヴィッド・イーグルマンが、珍しい病を治療するため、4歳で脳の2分の1を摘出したキャメロン・モットという少女について語った。彼女の残された半分の脳は「再編成」し、1つの完全な脳として機能するようになった結果、キャメロンは今や他のクラスメイトたちと「ほぼ変わらない」という。[※27]

・ロンドンのタクシー運転手の脳の海馬（記憶を司《つかさど》る中枢）は、市の地理試験に合格するのに必要な2万5千もある通りの名前を覚えるうちに発達するという。[※28]

神経可塑性（または脳の可塑性）とは、脳の生涯にわたり変化し続ける能力のことである。先ほどの例からも分かるように、私たちの脳は、状況に応じて再編成さえするのだ。

脳を筋肉と同じように考えてみよう。バーベルを持ち上げたり、運動したりすることで筋肉は鍛えられるだろう？　それと一緒で、脳も鍛えれば強くなるのである——新しいことを学ぶと、実際に脳の密度と重さが増すことが分かっている。次のミニレッスンを通して、子供たちに脳について紹介しよう。

脳について知ろう　レッスンプラン

レッスンの目的

このレッスンの終わりまでに子供たちができるようになること：

・脳の様々な部位について説明する。

必要なもの

・小麦粉粘土（Play-Dohなど。赤、オレンジ、むらさき、黄、青、緑などの色を用意する。他の色でも可）

・白い紙

・筆記用具

・小麦粉粘土でできた脳の模型の見本（子供たちには白い紙の上に脳の模型を作らせ、紙に直接部位の名称を書くか、付箋紙を使ってそれぞれの部位に名称が書かれたラベルを貼らせる）

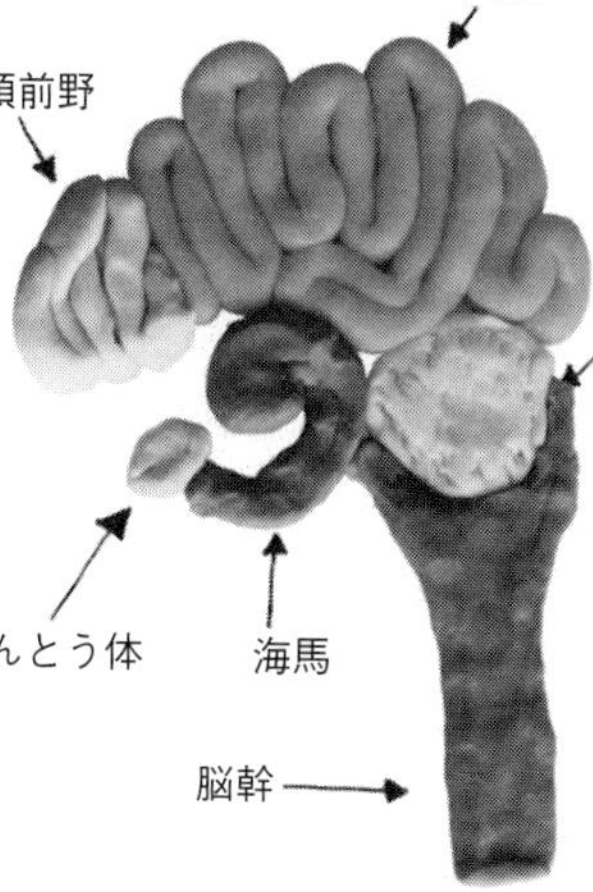

レッスンの進め方：脳について知ろう

子供たちを少人数のグループに分け、5月の授業で使った固定的マインドセットと成長的マインドセットの脳のイラストを本人たちに返却する。このとき、子供たちが思い出せるよう、脳のイラストにそれぞれのマインドセットを表す文章や絵を書き込んだことを説明しよう。次に、脳のイラストを見直したり、何か書き足したりする時間を与える。それが終わったら、次の問いを使って、グループディスカッションを始めるきっかけをつくろう。

・「新しいことを学んだときのことを思い出してみよう。学ぶためにはどんなステップがあったかな？」
・「失敗したときのことを思い出してみよう。

どんな気持ちがした？　その後どうなったかな？」

そして、脳は私たちが学ぶことを助けてくれる大切な役割をもった器官であることを子供たちに伝える。「脳は左右2つの半球に分かれています。それぞれの半球は、大脳、前頭前野、海馬、小脳、脳幹やへんとう体などの異なる部位からできています。そして、全ての部位が協力し合って、私たちが学び、成長する手助けをしてくれているのです」と言う。

次に、子供たちに小麦粉粘土を配る（足りなそうな場合は、グループごとに配ってもよい）。大きいかたまりが1つ（青）と、小さいかたまりが4つ（オレンジ、赤、緑、黄）ずつ必要になる。さらに、白い紙も配り、その上に脳の模型を作っていく。

配りながら、今回のレッスンでは脳の様々な部位とその働きについて学ぶことを伝える。そして、子供たちに脳の各部位の名称と機能について説明しながら、小麦粉粘土で脳の断面の模型を作らせる。

まずは大脳を紹介しよう。

大脳：いくよ！　2足す2は？　答えられた人たちは、今、大脳を使いました。脳のしわしわになっている部分、と言えば分かる人もいるでしょう。大脳は、脳の大事な一部で一番大きい部位でもあります。私たちが考えるときに使うのが大脳です！　問題を解くとき、絵をかくとき、それから、ゲームをしているとき……必ず大脳が使われています。それに、記憶の保管もやはり大脳がしてくれます（大脳やその他の部位について説明するときは、子供たちの年齢に応じた内容を心がける。下の学年の子供にはできるだけシンプルに、上の学年の子供には詳しい機能の説明を行うなど）。

子供への指示：赤の小麦粉粘土を使い、細長いヘビのような形にする。それを、ねじったりひねったりすることで、しわしわの大脳の形を作る（以下、全て95ページのイラスト参照）。

小脳：隣の席の人とハイタッチして！　いい？　今のハイタッチは小脳という脳の小さな部位がなければできません。小脳は、脳の後ろ側にあって、私たちの筋肉をコントロールするという重要な働きをしています。人は、筋肉があるおかげで走ったり、ジャンプしたり、踊ったり、それ以外にもたくさんの動きができますが、どれも小脳によるささやかな助けがなくてはできません。小脳は、小さいけれど、大きな役割をもっています！

子供への指示：オレンジの小麦粉粘土を小さな円の形に丸める。それに筋を何本か入れ、脳の後ろのあたりにくっつける。

前頭前野：手のひらでおでこを軽く叩いてみよう（実際にやってみせる）。この皮膚と骨の下にあるのが前頭前野です。この部位は、何かを決断するときに使います。よい決断も悪い決断も、前頭前野の仕業というわけです。物事の長所と短所について考えたり、いくつかの選択肢を比較したり、もし違う方を選んだらどんな結果になったかな、なんて考えるときも、私たちは前頭前野を使っています。

子供への指示：黄色の小麦粉粘土を細長いヘビのような形にする。それをくねくねと曲げ、脳の前方にくっつける。

海馬：みんなはどうして公園への行き方が分かるのかな？（子供たちに答えを発表してもらう）。公園やその他の場所に行くとき、私たちが使っているのが海馬です。他にも、海馬には経験を長期的な記憶として保管する役割があります。

子供への指示：むらさき色の小麦粉粘土で、先がくるりと丸まった短い形を作る。"Hippocampus"（海馬）は、もともとはラテン語でタツノオトシゴを意味しており、英訳すると"Sea（海）horse（馬）"となる。そのため、模型を作るときには、タツノオトシゴの形を意識するとよい。完成したら、大脳の下の、小脳の左にくっつける。

へんとう体：みんなの今日の気分はどう？　どんな気分も同じところからきています。それが、へんとう体です。へんとう体は、脳の奥深くにある神経細胞の集まりで、感情のコントロールセンターのような役割をもっています。

子供への指示：緑の小麦粉粘土でアーモンドの形を作り、海馬の根元にくっつける。

脳幹：寝ているときでもちゃんと呼吸できることを不思議に思ったことはない？　それについては、脳幹にお礼を言いましょう。脳が出す指令を体のあちこちに送る手助けをするだけではなく、呼吸や食べ物の消化、くしゃみなど、不随意機能《ふずいいきのう》と呼ばれる、何も考えなくても体が勝手にやってくれることも脳幹の仕事です。

子供への指示：青の小麦粉粘土で、小脳の下に伸びる木の幹のような形を作る。

模型が完成したら、子供たちに、下の白い紙にそれぞれの部位の名称と、どんなときにその部位を使うかの例を書かせる。

大脳：赤の小麦粉粘土で作った部位の近くに「大脳」と書き、学校で学んだ大切なことを表す絵や文章を書かせる。

小脳：オレンジの小麦粉粘土で作った部位の近くに「小脳」と書き、好きなスポーツや体を使ったアクティビティの絵や文章を書かせる。

前頭前野：黄色の小麦粉粘土で作った部位の近くに「前頭前野」と書き、これまでにしたことがある難しい決断の絵や文章を書かせる。

海馬：むらさき色の小麦粉粘土で作った部位の近くに「海馬」と書き、特別な思い出の絵や文章を書かせる。

へんとう体：緑の小麦粉粘土で作った部位の近くに「へんとう体」と書き、すごく嬉しかったこと、怖かったこと、あるいはワクワクしたことの絵や文章を書かせる。

脳幹：青の小麦粉粘土で作った部位の近くに「脳幹」と書き、経験したことがある不随意機能（くしゃみ、咳、あくびなど）の絵や文章も書かせる。

理解の確認

子供たちの脳の模型が正しくできているか確認する。そして、作品を保管したり、共有できるよう、子供たちに模型の写真を撮らせる。

脳の可塑性

　脳の変化する能力を「可塑性」という。人間の脳にはニューロンという神経細胞が何十億と存在する。あなたが脳を使うと、電気信号が軸索《じくさく》と呼ばれる長い突起を伝わって樹状突起という指のような枝状に分かれた短い突起から細胞体に届けられ、そこからまた別のニューロンに結合するため届けられるという仕組みになっている。たくさん学ぶほど、ニューロン同士の間に通路の数が増え、使用頻度が高いほど頑丈な通路になる。そして、頑丈な通路が多いほど、ニューロンがよりたくさんの信号を速く伝え合うことができる——つまり、学び、記憶できることが増えるというわけだ！　この仕組みを覚えるには、子供たちに次のフレーズを教えるとよい：「ともに発火すれば、ともに結びつく」。人の脳は、練習と学習によって、ニューロンの結合を生み、成長することができるのである！

　これらの内容が、子供たちにとって難しくて理解しづらい場合は、次のようなたとえ話をしよう：たくさんの草木に囲まれた場所で暮らすあなたは、毎日、家から小川まで歩いて行きます。そのうちに、家と小川の間に踏みならされた道ができました。あなたがよく使う技術や知識、習慣は、つまり、あなたの脳内の踏みならされた道というわけです。それらが、簡単にできる（分かる）と感じられるのは、脳内にあるそのための通路が頻繁に使われているからです。

ところが、初めて何かを学ぶときは、新しい通路を作る必要があります。

では、先ほどの草木に囲まれた家に戻りましょう。ある日、あなたはいつも使っている道から外れたところに、素敵な野原を見つけたとします。早速行ってみたいのですが、そこへ続く道が見当たりません。そこで、あなたは邪魔な石をどけ、木々の枝をよけ、障害物につまずきながらも茂みの中をどうにか進みます。そうして、なんとか野原にたどり着くことができましたが、簡単な道のりではありませんでした。この道を、小川へ続く道のような通りやすい道にするには、まだまだ時間がかかるでしょう。新しいことを学ぶということは、脳内に新しい通路を作るということです。それが、神経可塑性です。誰にでも新しい道は作れますが、それはとても大変な作業です。その上、草木に囲まれた道と同じで、脳内に新しくできた通路も、頻繁に使わなければ草木が生い茂り、再び通りづらくなってしまいます。よく英語で"Use it or lose it!"「使わなければダメになる！」〔知識やスキル（特権や物など、他にもいろいろある）は使わないと失われてしまう、という意味〕というのはこのためです。

脳の可塑性を理解することで、子供たちは、人は生まれつき頭がよくないか、普通か、頭がよいかが決まっているという否定的な考えをやめ、学ぶためには当然、挑戦が必要となることを受け入れられるようになるだろう。コンフォートゾーンから出て新しいことに挑戦することで、脳は最も大きく変化する。そのためには、成長的マインドセットを使って、失敗も含め、新しいことに挑戦しなければならない。子供たちは、脳が学ぶ仕組みを理解することで、新しいことに挑戦しているときに自分の頭の中で起こっていることを想像することができるようになる。
スタンフォード大学で数学教育の教授を務め、"*Mathematical Mindsets*"（マスマティカル・マインドセット）の著者でもあるジョウ・ボーラーは、人の脳では、数学の問題で間違えたときに、正解したときには見られない活動が起きると言う。「成長的マインドセットの人は、間違えるという行為によって、脳が飛躍的に成長する」と彼は書いている。[※29]
これが子供たちにとって意味することは何だろう？ まず、数学のような教科では、いかに正確に問題を解けるかより、学びそのものを重視するべきだ。ボーラーは、数学をクロースドタスク〔あらかじめやり方が決まっているタスク〕が与えられ、正解することで称賛される「パフォーマンス教科」と呼び、オープンタスク〔やり方が決まっていないタスク〕が与えられ、常に正解する必要はなく、学びに集中できる「ラーニング教科」とは区別している。[※30]

なぜ、脳の仕組みを学ぶ必要があるのか？

成長的マインドセットを教えるにあたり、極めて重大な要素であるにもかかわらず、見落とされがちなのが、子供たちに脳の仕組みを説明することだ。私たちは、生まれた瞬間からあらゆることの基礎となる技術の数々を学び始める——それらが土台となり、その上に新たな技術や概念が構築されるのである。たとえば、アルファベットが読めない人に『緋文字《ひもんじ》』〔1850年に出版された米作家ナサニエル・ホーソーンによるゴシックロマン小説〕を読めとか、記数法が分からない人に二次方程式を使ってXの値を求めろなどと言う人はいないだろう。にもかかわらず、私たちは、脳が学ぶ仕組みを大して教えもせずに、常に、子供たちに学べと言っているのである。

ドゥエックと同僚のリサ・ブラックウェルは、「頭がよくない」というレッテルを貼られた7年生の生徒たち〔日本でいう中学1年生〕を対象にある研究を行った。[※31] まず、生徒たち全員に同じ学習スキルを教え、そのうちの何人かには脳が筋肉のように鍛えられることを説明した。すると、脳が成長できることを教えられた生徒たちは、教えられなかった生徒たちとくらべ、学習意欲が向上しただけでなく、数学の成績まで上がったのである。ドゥエックは、“*Principal Leadership*”（プリンシパル・リーダーシップ）誌〔学校長など、学校のトップを対象としたアメリカの月刊誌〕の中で次のような話を紹介している。友人たちとふざけてばかりいた男子生徒が、脳は成長することを教えられると「それじゃあ、ぼくはバカになるって決まっていないってこと？」と言ったという。[※32] この話は、成長的マインドセットと脳の仕組みを教えることで、子供たちに新しい可能性に気づかせることができるというよい例だ。

脳の仕組みを学ぶことで7年生の生徒たちがこれだけ大きな影響を受けたのなら、私たちの教え方にはどれほどのインパクトがあるか想像してほしい。生徒たちのことは少し置いておいて、教師という仕事に人生を捧げているにもかかわらず、多くの教師が、人が学ぶ仕組みをあまりよく理解していないのである。同僚たちを対象に非公式の調査を行ったところ、ほとんどの教師が学生時代に脳に関する課程はおろか、単元すら受講していないことが分かった。教職課程で脳が学ぶ仕組みを学んだという教師は、修士レベルのプログラムを履修した者だけであった。これから子供たちに脳の仕組みを教えるにあたり、ぜひ、現職研修でこのことについて提起するか、同僚たちに話してみてほしい。これは、教師にとっても貴重な情報であるはずだ！

子供たちに脳の可塑性について教えることで、あなたの成長的マインドセットの1年は大きく変わるだろう。自分の技術、能力や知能は徐々に伸ばせると信じることで成績は上げられる、という抽象的な概念を子供たちに信じさせるのは難しいかもしれないが、脳の仕組みを科学的に説明すれば、疑い深い子供たちも信じてくれる可能性がある。脳の認知処理について教えることは、マインドセット指導にとって必須だ。幸運にも、脳の可塑性はどんなに幼い子供たちでも学ぶことができる。H先生の学級を覚えているだろうか？　彼女の学級の幼稚園児たちだってこう言っているのだ：脳は筋肉みたい鍛えることができる！

では、早速脳の可塑性のレッスンプランを見てみよう。

脳の可塑性　レッスンプラン

レッスンの目的

この授業の終わりまでに子供たちができるようになること：

・新しいことを学び、脳が成長する仕組みを説明する。

必要なもの

・ツイズラー・プル・アンド・ピール〔アメリカで定番のスティック状のお菓子。何本かの細長いグミを紐のようによっている〕、ウィッキー・スティックス〔アメリカで特許をとった特殊なワックスと糸からできた知育玩具。つるつるとした表面にくっつけることができる〕、または、工作用モール

・小麦粉粘土

・ビデオプロジェクター一式

レッスンの進め方

新しいことを学ぶと、どのようにニューロン同士が結合するかについて解説した"Neuron Model from Neuroseeds"（ニューロンモデル・フロム・ニューロシーズ）という動画

を見る（リンク：goo.gl/hr7SoM　出典：YouTube“Neuroseeds”）。〔２０１９年４月４日現在リンク切れ。同種の動画は複数アップロードされているため、“Neuroseeds”で検索してほしい〕

動画が終わったら、脳が新しいことを学び、成長する仕組みについて、さらに、そのとき難しいタスクや失敗がどのように役立つかについて子供たちと話し合う。

次に、今回の授業ではニューロンを作ることを子供たちに伝え、次のように説明する…

脳は膨大な数のニューロンによって構成され、それぞれが協力し合って人が様々なことをする手助けをしています。私たちが何かで上達したとき、たとえば、算数の足し算のような簡単な計算ができるようになった場合、そのために使われるニューロンは、同時に素早く発火することを学びます。そのようにして、同時に発火する回数が増えるほど、効率も上がるというわけです。練習すると上達するのはこのためです。

ところが、桁が大きい割り算のように、ニューロンが普段とは違うことをしなければならない場合は、脳がニューロンの伝達プロセスの調整に手間取ってしまいます。これが、「学ぶ」ということです！　何度も練習することで、長い割り算をするのに使われれるニューロンの結合スピードが上がり、伝達プロセスもどんどん楽に進むようになります。私たちが新しいことに挑戦するとき、脳の中ではそれまで結びついたことがなかったニューロンの間で、新しく難しい結合が起きるのです。今日は、ニューロンの模型を作って、脳でニューロンが結合するときに使われる部位を見てみましょう。

子供たちは、小麦粉粘土と工作用モール〔原著ではお菓子の「ツイズラー」を使用。日本では入手困難であることを加味し、以下、「ツイズラー」となっている箇所を全て「工作用モール」に置き換えて訳す〕を使ってニューロンの模型を作る。それぞれにゴルフボール大の小麦粉粘土を2つと、工作用モールを数本ずつ配ろう。子供たちに、片方の小麦粉粘土で細胞体を作らせ、もう片方の小麦粉粘土は小さくちぎって棒状になるよう転がし、細胞体から出ている長さがバラバラの指のような形をした枝状のものを何本か作らせる。これを、細胞体から出ている樹状突起とする。

次に、1本の工作用モールを細かく切って、そのうちの1本をさらに細かく切って軸索の先にあるシナプス前終末《ぜんしゅうまつ》を作らせる。細かく切らずにおいた1本1本の工作用モールは電気信号の通路である軸索となり、使われる回数が多いほどその強度は増す。このことを表すため、子供たちは、次のタスクを完了するごとに、新たな工作用モールを1本ずつ足していく：

・子供たちは、最近新しく教わったことを思い浮かべ、新たに学んだ、ということを表すときに、細胞体に工作用モールを1本足す。
・子供たちは、宿題をするなどして学習内容を復習した、ということを表すときに、工作用モールをもう1本足す。
・子供たちは、学習プロセスにおいて乗り越えた苦労や失敗を表すときに、3本目の工作用モールを足す。

・子供たちは、学んだことを他の人に教える、正しく実践する、別の知識やスキルと結びつけるなど、学んだことを示せた、ということを表すときに、工作用モールをもう1本足す。
・教師は子供たちに、他にも工作用モールの本数を増やして軸索を強化する方法はないか聞く。
模型が完成したら、子供たちはマーカーペンや付箋紙を使って、それぞれの部位に名称を書く（貼る）。その間に、各部位の働きについて説明しよう。

樹状突起：樹状突起は、いわゆる受信係です。他の細胞から送られてくるメッセージを受信し、それを細胞体に送ります。

細胞体：細胞体は、他の細胞に情報を送るための電気信号を発信します。

軸索：細胞体を出発した情報は、軸索の中を通り、細胞体から離れてシナプス前終末に送られます。

シナプス前終末：シナプス前終末に届けられた情報は、化学信号となり、別のニューロンの樹状突起に送られます。

ニューロン同士の結合を実演するため、子供たちにそれぞれが完成させた模型を正しく並べさせる。

理解の確認

子供たちのニューロンの模型が正しくできているか確認し、お互いに学んだことを共有させる。

様々なやり方

次のような課題を通して、様々なプロダクトを完成させる。

課題	内容
AR（拡張現実）動画	子供たちは、ニューロンの絵をかき、脳が成長する仕組みを解説する動画を撮影する。Aurasma〔現・HR Reveal〕というアプリ（他のARアプリでも可）を使い、絵と動画でAR動画を作成する。
ストップモーション動画	子供たちは、小麦粉粘土を使ってニューロンの結合を表すストップモーション動画を作り、ニューロンの仕組みを解説するナレーションをつける。App StoreにあるStop Motion Studioというアプリがお勧めだ。
ナレーション動画	子供たちは、脳の可塑性の仕組みを解説する短い動画を作る。Adobe Voiceというアプリでは、自分で撮影した画像をアップしたり目的に合う画像を検索することができるため、お勧めだ。
ニューロンの模型作り	子供たちは、神経可塑性を理解したことを表すため、レゴブロックや他のブロック玩具を使って模型を作る。
寸劇	子供たちは、ニューロンの結合を表す寸劇を作る。
歌や詩	子供たちは、ニューロンの結合に関する歌や詩を書く。
ブログ	子供たちは、ニューロンの結合についてのブログを書く。内容は、ニューロンの結合はどのようにして脳の成長を助けるのか？　どういう仕組みになっているか？　など。ブログのよいところは、保護者にも子供たちの学習内容が伝わりやすいところだ。KidblogやSeesawなどの子供向けのブログアプリなら安心して使える。〔教育現場でのwebツールの使用やソーシャルメディアの使用が促進されているアメリカならではの事例のため、日本に適するものではないことをご留意いただきたい〕

脳が主役の授業をする

「自分の頭をよくすることはできない」という思い込みをもつ子供たちが、学校でどんなに心細い思いをしているかを想像してみてもらいたい。子供たちは、脳は変化し続ける器官であることを学ぶと、成功するかどうかを決めるのは、遺伝子ではなく努力だということに気がつくことができ、新しくて難しい学習における挑戦にも前向きに取り組めるようになる。この章の最初に登場したデブの例からも分かるように、子供たちがより多くの練習や挑戦を経験するほどニューロンの結合は増え、その分野における認知力が向上するのである。

「認知」とは、学ぶ行為そのものをいい、「メタ認知」とは、学ぶ行為について考え、それを調整することを指す。つまり、メタ認知とは、自分の思考について考えることだ。メタ認知、すなわち「思考認知」は、成長志向の学級づくりの土台となるだけでなく、脳が学ぶ仕組みを教える上で必要な概念でもある。「成長的マインドセットと固定的マインドセットについて考え、さらに、どちらのマインドセットを使うかによって結果が異なることについて考える」のもメタ認知だ。

子供たちが脳を使いこなせるよう、教師がよく使うメタ認知方略には様々なものがある。多くの学級で、子供たちはただ形式的に勉強しているに過ぎない。教師が作ったテスト範囲のまとめプリントを使って勉強し、テストで合格点をとる、やり方を読んでそのとおりにやる……。そのようにして、全てがお膳立てされた環境では、子供たちは（先生がやってくれるから）学び方を自分で考えることも、（すぐに次の単元に移ってしまうから）学び方を振り返ることもできない。メタ認知とは、意識の中にあるまったく別の領域で、学び方の計画を立てたり振り返ったりすることである。ところが、学期中、ほとんどの子供がその機会すら与えられていない。自分の学び方を振り返り、調整することを教えるメタ認知方略では、子供たちは自分を客観視し、今どのような状態にいるか、なぜそのような状態になったか、さらには、この先どのようにして、どうなる必要があるかについて考えさせられる。このスキルは、子供たちのほとんどにとって、まだ教わったことのない、人生における重要なスキルの1つだ。

すでに、成長的マインドセットと固定的マインドセットを教えることで子供たちの学業成績が向上することが分かっている、という話はしたが、それはメタ認知でも同じである。幼稚園から大学に通う子供たちを対象に行った研究で、メタ認知について学んだ子供たちが、それをうまく使うことができたこと、さらに、アメリカではメタ認知についての授業がほとんど行われていないことも判明した。また、メタ認知方略によって、自分の脳には「小さな見張り役」がいるということを学んだ子供たちは、学習における新しい挑戦により前向きに、粘り強く取り組むことも分かった。※33

成長志向の学級では、教師が子供たちにメタ認知を使ってより戦略的に物事を考えるよう促す必要がある。そのための方法をいくつか紹介しよう。

予備知識の確認　前評価テストや自己評価テスト、または、ＫＷＬ表〔ある教材に対し"What I know"=K、"What I want to know."=W、"What I learned."=Lという3列の表を作り、それを埋めることで、子供の予備知識を引き出す教育方法〕やアンティシペーション・ガイド〔ワークシートを使い、これから学ぶ事柄（主にリーディングに使われる）に対する予備知識を引き出すなどして、より前向きに学べるようにする指導方法〕などを使い、子供たちの予備知識を評価する。また、彼らの知識や学習内容をどれだけ過去の学習内容や実体験と結びつけられているか、そして、今後結びつける必要があるかを評価する。事前学習によって、予備知識や、学習内容に関連する過去の学習体験について考えさせることができる。

シンキング・ステム　子供たちが声に出して問題について考えるときに活用できる「シンキング・ステム」と呼ばれるフレーズを教室の中に貼る。〔「ステム」とは相手にどのように伝えるべきか分かりやすいよう、文頭のセリフが決められている例文のようなもの。空いている箇所に自分なりの言葉をつけ加えて活用する〕

・自分は……が気になる。
・自分は……について学んでいる。
・自分は……と思う。
・自分には……が見える。
・自分は……と感じる。
・自分は……について考えている。

・前に学んだ……に似ている気がする。
・たった今……ということが分かった。

これらを教室のどこからでも簡単に見える位置に貼ろう。

シンキング・シート　シンキング・ステムに似ているが、壁に貼って子供たちが見られるようにするのではなく、書き込み式のワークシートになっている。子供たちは、シートに書き込むことで、自分の思考について深く考えることができる。

書く　子供たちに、習った単元や取り組んだ課題について書かせる。書くことで、タスクに取り組んでいるときの自分の思考について考えるきっかけにできる。自分の思考プロセスについて自由に書かせることで、本人さえ気づいていなかった自分の学習へのアプローチの仕方が明らかになるかもしれない。

メタ認知のお手本を見せる　教師が、実際に声に出してメタ認知してみせることでお手本を示す。あなたが頻繁に自分の思考プロセスを口にすることで、子供たちにメタ認知の重要性を伝えることができる。たとえば、次のように言ってみよう。「この文章は間違っている気がする。だって、どの文章にも主語と述語があるはずだよね。そうだ、述語を加えたら正しい文章になるかしら」

メタ認知しやすい環境を整える　メタ認知が重要な学びのツールとして扱われる教室環境を

つくる。学習プロセスを声に出すことが当たり前になれば、どの子供も恥ずかしがらずに安心してメタ認知に取り組めるはずだ。

メモを取る　子供たちに、できるだけたくさんの注記や注釈を書き込むよう促す。紙と鉛筆でも、デジタルツールを利用してもよい。分からない単語や登場人物に関することなど、読みながらメモを取ることで、読んでいる内容について（それに対する自分の考えについても）より深く考えることができる。

脳の引き上げアクティビティ

人間の脳は、思いがけない刺激が大好きだそうである。※34 私たちの脳は普段とは異なる刺激に反応する仕組みになっているため、講義や単調な授業では、子供たちの脳を学習に集中させる効果はあまり期待できないという。そこで、教師が、学級に驚きや活性化させるための要素を取り入れるためにできるのが「脳の引き上げ」だ。「脳の引き上げ」では、今やっている作業からいったん離れ全身を動かすことで、子供たちに活気とエネルギーを取り戻させることができる。運動をすることで、脳内の酸素が増加し、酸素が多い環境であるほどニューロンが速く発火するという。私たちは、子供たちにこう言うようにしている：「ふう！　みんなのニューロンが新しい結合をつくるのに疲れてエネルギー不足みたい！　脳の引き上げをしようか！」
学級でできる脳を引き上げる簡単な方法をいくつか紹介する。子供たちに、脳を運動させることの重要性をしっかりと認識させるために、脳を引き上げる間も、脳に関係する用語を意識的に多く使うようにしよう。

ヒューマンノット（人間知恵の輪）　楽しいチームビルディング・アクティビティを使って、子供たちに少し休憩してもらおう。子供たちは、輪になって、それぞれに右手を輪の中心に向かって伸ばし、自分の隣の人以外の人の右手をつかむ。それができたら、同じことを左手でもする。このようにして「ヒューマンノット」ができたら、全員が手を握り合ったままで、結び目をほどくように元の輪に戻ろうとする。この楽しくて難しいアクティビティは、子供たちが脳を休ませたり、学級の士気を高めたいときにぴったりだ。

エアライティング　子供たちを立たせ、いくつかの質問——真剣なものでも冗談感覚のものでもよい——をする。子供たちは、人差し指で宙に答えを書かなければならない。

ガラクタ入れ　テレビ番組 "Whose Line Is It Anyway?"（フーズ・ライン・イズ・イット・エニウェイ？）〔アメリカのコメディ番組。お題が与えられ、それに即興で応える〕で紹介された即興ゲーム。子供たちに、様々なもの（プールスティック〔水泳用の棒状の浮き輪。以下、グッズに関してはより日本になじみのあるもので代用するのが望ましい〕、スパチュラ、フォームフィンガー〔大きな手の形をしたスポンジ製のスポーツの応援グッズ〕、工作用のモールなど）が入った袋の中に手を入れ、何か1つだけ取り出させる。子供は、取り出したものの本来の使い方以外の利用方法を考えなければならない。たとえば、プールスティックは人工の象の鼻として使う、など。

ヨガ　子供たちと一緒に脳の引き上げができる、簡単なヨガのポーズをいくつか習得しよう。とくに、呼吸に集中して行う回復のポーズは子供たちの元気を回復させるのによい。最初は、上を向く犬のポーズ、戦士のポーズや木のポーズがお勧めだ。

YouTubeを使った脳の休憩　YouTubeは脳の引き上げに使える動画がたくさんある。学級が落ち着かず、何かしたいけれど何も考えていない、というときのためにプレイリストを作っておこう。"brain breaks"（脳の休憩）と検索するだけで、たくさんの動画が見つかるはずだ。ただし、子供たちの年齢にふさわしい内容かどうか、見せる前に必ず確認しよう。

Chapter 4

7月

自分は価値ある人間だ

人を高めることで自分が高まる。
——ロバート・インガーソル

今月の目標

・子供との関係の築き方を考える 。
・保護者との関係の築き方を考える。
・同僚との関係の築き方を考える。

なぜ人間関係は重要なのか

２０１３年に行われた有名なＴＥＤトーク〔ＴＥＤというアメリカの非営利団体による、著名人がスピーチをするテッドカンファレンスをネット配信したもの〕で、長年教師を務めるリタ・ピアソンが「全ての子供に強い味方を」というスピーチをした。その中で、ピアソンは次のような同僚とのやりとりを紹介している：

「ある日、同僚がこんなことを言いました。『子供たちを好きになる手当はもらっていない。私は教えることで給料を貰っているの。子供たちの仕事は学ぶこと。私が教えて、彼らは学ぶ。それで終わりでしょ』。だから、私は彼女にこう言ったのです。『でもね、子供たちは好きじゃない大人からは学べないの』[※35]」

「子供は苦手な教師からは学べない」というピアソンの主張は、経験豊富な教師にとっては常識というだけでなく、研究によって裏づけられている。ある調査では、教師と子供の関係が良好な場合（とくに勉強が苦手な子供の場合）、子供の学習意欲や学習能力に対する自信によい影響を及ぼし、結果的に成績も向上することが分かった[※36]。また別の調査では、教師と子供の関係が良好だと、学習態度がよくなるだけでなく、子供同士の関係にもよい影響があるという[※37]。

本書では、成長的マインドセットとは、知能や能力とは変えることができるものであるという考え方のことだとしてきた。では、人間関係にどんな関連があるというのか？　自分のマインドセットをコントロールできるのは自分だけではないか？　きっと、あなたはそんなふうに思ったのではないだろうか。

答えはイエスでもありノーでもある。確かに、本人にしかマインドセットを変えることはできないが、強固な人間関係を築くことで、子供たちが成長的マインドセットになりやすい教室環境をつくることもできるはずだ。ドゥエックは、『マインドセット―「やればできる！」の研究―』で、教師が明確な目的をもって適切に褒めることで、子供たちの成長的マインドセットを育てることができると書いている。私たちは、これは教師が成長的マインドセットを育てる1つの方法に過ぎないと考えている。実際に、教師が子供たち、同僚や保護者のマインドセットに影響を与える方法は他にもたくさんある。そのためにも、まずしなければならないのは、よい人間関係を築くための土台づくりだ。

人間関係の自己評価テスト

それぞれの文章を読み、「はい」か「いいえ」のどちらか当てはまる方を丸で囲む。この評価テストでは、あなたが学校の人間関係において成長的マインドセットか固定的マインドセットのどちらの傾向が強いか分かる。

・子供たちが達成できると分かっている課題を与えることが多い。
はい・いいえ
・子供たちに自分のプライベートは明かしたくない。
はい・いいえ
・私の主な仕事は教えることだ。
はい・いいえ
・子供たちのプライベートは私には関係ない。
はい・いいえ
・問題が起こらない限り、保護者とコミュニケーションをとる必要はない。
はい・いいえ
・過保護な親は我慢ならない。
はい・いいえ
・職場は友達をつくるところではなく、仕事をするところだ。
はい・いいえ
・他の教師たちの教え方には興味がない。
はい・いいえ
・面談に来ない保護者は、子供の教育に無関心である。

はい・いいえ
・年に数回だけ授業を見にくる上司のフィードバックはあまり気にしない。
はい・いいえ

自己評価テストの結果

ほとんどが「いいえ」に当てはまった人は、子供たち、保護者や同僚と人間関係を築くのに成長的マインドセットを使ったアプローチをしている可能性が高い。逆に、「はい」を3つかそれ以上丸で囲んだ人は、子供たちをはじめ学校関係者に対し、有意義な関係を築けるようもっと意識する必要がある。

この章では、あなたが子供たち、保護者や同僚と、有意義かつお互いにとってよい関係を築く方法を取り上げていく。

教師と子供たちの関係の重要性

成長的マインドセットを使って人間関係を築くことが、子供たちの成績に大きく影響するとはどういうことか？　教師生活が長い人なら、ピアソンは正しいことを言っていると言うはずだ。単純に、子供たちは苦手な教師からはさほど学べないのである。子供たちの成長的マインドセットを育て、諦めずに努力すればより難しいことも達成できると信じてほしいなら、まずは、あなた自身が彼らの能力を信じていることを伝えなければならない。

ＴＥＤトークで、ピアソンは子供たちの自信を高める戦略の１つとして、次のようなマントラを学級全員で唱えていると言う：「私は重要な人間です。もともと重要な人間でしたが、もっと重要な人間になります。私には力があります。私は強い人間です。私にはここで学ぶ権利があります。やることがあり、感動させる相手がいて、行く場所もあります」[※38]。このマントラには、成長的マインドセットの精神がたくさん詰まっている。マントラを通してピアソンが子供たちに伝えているのは、子供たちは伸びることができるだけでなく、伸びて当然ということだ。ピアソンは、マントラを繰り返すことで、それは子供たちの一部になると信じている。

固定的マインドセットの子供たちは、教師や他のクラスメイトの前で頭がよくないように見えることに対して恐怖と不安を感じている。彼らは、誰からも常に頭がよいと思われたいため、失敗しそうなことには挑戦しない。子供たちにとって、固定的マインドセットから抜け出し成長的マインドセットになることとは、弱さをさらけ出すことだ。そして、ほとんどの子供が、誰にでも弱みを見せることができるわけではない。ところが、自分を信じ、尊重し、最善を願い、失敗しても批判しない教師にであれば、思い切って弱い部分もさらけ出してくれるだろう。

教師と子供たちの成長志向の関係

学校や学級などのラーニング・コミュニティの中で、自分は価値のある人間だと子供たちが感じられるためには、あなたが彼らと強固な関係を築くことが鍵となってくる。子供たちと効果的な関係を築くには、次の5つのポイントに気をつけよう。

- **子供たちは、あなたが彼らの能力を信じていることを分かっている。**
- **子供たちは、あなたを人として尊敬し、親しみをもっている。**
- **子供たちは、あなたにフィードバックを求め、受け入れている。**
- **子供たちは、成績より成長する方が重要だということを分かっている。**
- **子供たちは、あなたといると安心できる。**

子供たちは、あなたが彼らの能力を信じていることを分かっている。 成長的マインドセットにおいて肝心なのは、やり抜く力と強い意志をもち、自分は上達できると信じることだ。ところが、教師も同じように自分を信じてくれているはずだと思えなければ、子供はなかなか自分を信じることができないだろう。子供たちが、自分は成長できると信じられるには、まずは、あなたが心からそう思っていることが彼らに伝わらなければならない。日頃から子供たちがよくできた課題で頑張っていたところを褒めたり、上達したところについて具体的なフィードバックをしたりしよう。これらは毎日行うことができるはずだ。

子供たちは、あなたを人として尊敬し、親しみをもっている。子供たちとの関係を深めるには、彼らの生活や幸せについて関心をもつのが一番だ。子供たちの学校の外での様子を知る努力をしよう。学校とは関係ない個人的な話から子供たちの違った生活の側面を知ることもあるはずだ。たとえば、両親が離婚しようとしているかもしれない。本人が何かの病気にかかっているとか、一人親であるということもあるだろう。子供たちは様々な事情や背景を抱えている。彼らのことをより深く知るほど、強固な信頼関係を築くことができ、それぞれの子供に最も適した指導方法を見つけられるかもしれない。また、あなたのプライベートについても、適切な範囲で子供たちと共有しよう。たとえば、子供の頃は数学が苦手だったというような話でも、今週末の予定でもよい。子供たちの話を聞くだけではなく、あなたの話もすることで、より強い関係を築くことができる。

子供たちは、あなたのフィードバックを求め、受け入れている。教師と強固な関係が築けている子供たちは、フィードバックを自分への批判だと考え、守りに入ろうとするのではなく、上達や成長の一環として捉える。先生は自分のためを思って言ってくれている、と考えられる子供は、フィードバックを前向きに受け止めることができる。子供たちに対して、あなたの最優先事項は彼らの成長であり、フィードバックは彼らが上達するためにしていることを明確にしよう。もし、子供たちがあなたのフィードバックを前向きに受け止められないとすれば、それは、彼らがフィードバックは自分たちに対する思いやりであり、批判ではないと感じられるよう子供たちとの関係を深める必要がある、というメッセージなのかもしれない。その場合、1対1でフィードバックの内容を詳しく説明する、または、フィードバックをもとに一緒に課題を見直す時間をつくることで、あなたが彼（彼女）の力になろうとしていることを伝えられるだろう。子供たちが（元教え子でさえも）あなたに率直なフィードバックを求めるようになってきたら、彼らとの関係がうまく築けた証だ。

子供たちは、成績より成長する方が重要だということを分かっている。 強固な教師と子供の関係では、あなたが子供たちの目標を設定し、また、子供たち自身が目標を立てるのを手伝うことができる。子供たちは、成績とは学習プロセスの一部であり、教師が子供たちの学習状況を把握するためのデータ元であること、また、重要なのは成績ではなく、一緒に立てた目標の達成状況であることを理解している。子供たちと常に挑戦や困難を乗り越えることについて話し合い、成績は重視しなければならないが、成績を表すアルファベット自体については、達成状況を示すもの以上の扱いをすべきではない。このことを子供たちに伝えるには、テストを何度か受けてよいことにするなど、学習内容を理解し、実際に成績を上げる手助けをするとよいだろう。

子供たちは、あなたといると安心できる。 元教師でハーバード教育大学院の研究員、ジャクリーン・ゼラーは、学校の社会的側面と心理的側面である「教師と子供たちの関係」は、子供たちの成績と無関係ではないとし、むしろ、深く関わり合っていると主張する。「子供たちは、学校が安全な場所だと感じられると、より学びに集中する」と言う。[※39]

子供たちにとって、教室やあなたの存在は、安心できる場所であり存在でなければならない。あなたが子供たちに与えなければならないのは、苦痛ではなく、サポートだ。あなたが子供たちにできる限りのことをしたいと思っていること、彼らを守ること、さらに、どんな失敗をしても彼らを無条件に大切にすることがしっかりと伝わっていなければならない。成長的マインドセットでは、失敗は学ぶチャンスだ。それは、社会的、あるいは心理的な失敗でも同じである。もし、子供が悪いことをしたら、それが悪い行いであることを毅然とした態度で伝え、1対1で話し合い、その上で、これまでと変わらずにサポートし、励まし、優しく接し続けよう。悪いことをしたからといって、いつまでもわだかまりを残さないようにする。

SMART目標

Specific（具体的）、**M**easurable（記録）、**A**ttainable（手順）、**R**ealistic（現実的）、**T**imely（期限）のそれぞれを含む目標を2つ立て、子供たちとの関係を深めよう。たとえば、今週は毎日必ず一人の子供と2分間、学校とは関係がないことについて話す、など。

子供たちとの関係を深めるためのSMART目標1:

子供たちとの関係を深めるためのSMART目標2:

人間関係の築き方

ニーナ・メイの幼稚園の学級には、アルファベットが書かれた大きい丸いカーペットが敷かれていた。入園初日のことである。教師は、自分の苗字《みょうじ》の最初のアルファベットの上に座るよう子供たちに言った。ニーナが迷わずにMのところへ行くと、先にケイティが座っているではないか。ケイティ、きっと間違えたんだわ、とニーナは思ったが、なんと、ケイティの苗字もMから始まるのだった！　自分たちの苗字が同じアルファベットで始まることに気づいた2人は、まるで奇跡が起きたかのような気持ちになり、自分たちにこんなにも特別な共通点があったことを大いに喜んだ。結局、ニーナはXのところに座ったが（授業の都合上）、ケイティとは固い友情で結ばれたのだった。

あなたも、これと似たような状況を見たことがあるはずだ。「私、バービー好き！」「私もバービー好き！」「じゃあ親友になろう！」。こういう会話を聞いたことはないだろうか？ハーバード教育大学院のハンター・ゲールバッハとそのチームは、人は共通点がある相手に対してよい感情を抱きやすいのではないかということについて調べていた。[※40]彼らがとくに知りたかったのが、興味や価値観の共通点に気づくことで生まれる「社会的役割取得」によって、教師と子供たちの関係は深まるのか、ということだった。たとえば、教師と子供がお互いにスター・ウォーズの大ファンだと分かったとしたら、そのことが2人の関係によい影響を与えるだろうか？

ゲールバッハとその研究チームは、大学1年生の学生たちと教授たちを対象に、興味、価値観や学習傾向に関するアンケートを行った。そして、わざと学生と教授の興味や価値観で似ている部分を強調するかたちで、それぞれにアンケート結果を伝えたのである。

すると、「この介入によって、教授と、歴史的に十分な教育を受ける機会に恵まれてこなかった学生たち（黒人やラテン系の学生たち）の関係の向上に最も大きな効果が認められた」[※41]という。さらに、成績が上がるごとに、彼らと他の学生たちにおける成績格差が縮まることも分かった。また、ゲールバッハの調査結果から、この介入を行ったことで、とくに教授と学生たちの関係が改善され、さらには、とくに黒人とラテン系の学生たちの成績が飛躍的に上がったことが判明した。

教授と学生たちの共通点を明らかにするだけの単純な介入で、こんなにも学生たちの成績が上がったのはなぜか？　1つには、教授が学生たちと良好な関係を築く方法でもある、大学以外のことに関する会話をする機会が増えたことが挙げられる。そこで得た情報をもとに、学生たちの興味に沿ったアクティビティをすることができ、それによって学生たちの学習意欲を向上させることができる。また、ゲールバッハは、学生たちを、異なるニーズと関心をもった一人一人の人間として見られるようになることで、教授の学生たちへの態度に何らかの影響があったのではないかと推測する。
ゲールバッハと同じ結果を得るには、子供たちに、年度始めに、お互いを知るためのアクティビティやアンケートをさせるとよいだろう。彼らのことを詳しく知る努力をすることで、あなたが一人一人の子供に興味をもっていることを伝えられる。その方が、初日にありがちな「あれはダメ」「これもダメ」と長たらしい学級の決まりを説明するより、子供たちの関心を引くことができるはずだ。ただし、子供たちのことを知る努力は、1日で終わらせてはならない。
教師が子供たちとの絆を深めるのに使えるアクティビティや方略をいくつか紹介しよう。

共通点を探す　年度始めに、自分と子供たちの個人レベルにおける共通点を探す。それを使って、絆を深める。

ランチバディ　一人一人の子供と一緒にお昼ごはんを食べるスケジュールを立てる。1対1で関係を築くよい機会となるはずだ。

2分チェック　授業開始前、放課後や休み時間を利用して、子供（とくに悩みを抱えていそうな子供）と学校に関係ないことについて2分ほど会話することを目標にする。そのときの会話から、子供に関する貴重な情報が得られるかもしれない。

とにかく「いいよ」と言う　子供たちに何か頼まれたら、極力「いいよ」と返す。子供たちに、課題の主導権をある程度握らせることで、より熱心に取り組ませることができる。「緑色のペンを使ってもいい？」という些細なことだったとしても、その効果は絶大だ。「思ったことを言える」「選択肢がある」ことで、子供たちのやる気が上がる。

教室の入り口で出迎える　古いやり方ではあるが、確実に効果がある方法だ。子供たちが教室に入ってくるときに、必ず一人一人に挨拶しよう。あなたの笑顔と親しみが込められた挨拶で、有意義な学級の雰囲気づくりができるはずだ。

仲よくなるためのアクティビティ　とくに年度始めに、子供たちがお互いについてより深く知るためのアクティビティをする時間をつくる。学級の絆が深まり、これから一緒に学び、成長していく上で、あなたと子供たちの双方にとって大きなプラスとなるはずだ。

ジェスチャーや秘密の暗号　「座りなさい！」や「静かにして！」と大声で注意するより、これらのような基本的な指示を意味するジェスチャーや暗号を年度始めに決めておく。そうすれば、子供たちの声を上回る大声を出すよりずっと前向きな方法でコミュニケーションをとることができる。

教育の黄金律　子供たちに対し、自分がしてほしいと思うように接する。なんだ、そんな単純なことか、と思うかもしれない。ところが、子供たちに対して、必要以上に教師としての権限を振りかざす教師は数多く存在する。黄金律（自分がしてもらいたいと思うことを人にしてあげること）を実践することで、子供たちに意地悪になったり、厳しすぎたり、独裁的にならないようにしよう。もちろん、子供たちにルールを課してもよいが、それはあなた自身も守らなければならない――子供たちがあなたのルール違反を指摘するのだって、もちろんアリだ。

勉強の話をしない　子供たちと学校以外のことについて会話をもつ努力をする。どんな課外活動に参加しているかを聞き、それを活用しよう。「週末のアート展はどうだった？」や「3本のタッチダウン？　金曜日のフットボールの試合、頑張ったのね！」、こんなちょっとした余談から、あなたが子供たちには学校の外にも世界があることを理解し、気にかけていることを伝えることができる。

これらのいくつかの方略を実際にやってみた教師たちの例を見てみよう。

2分チェック（H先生の振り返りノートより）

子供たちと毎日たった2分話をすることで、彼らとよりよい関係を築くのに大きな影響を与えることができます。この2分チェックを行ったことで、子供たちが興味をもっていることについての理解を深め、信頼関係を築くことができ、学級経営は改善し、さらに、気を引くための問題行動が減りました。

私は、1日のいたるところに2分チェックを取り入れています。毎朝、始業前に子供たちが朝食を食べている約15分間（アメリカの現地校ではランチだけではなく、朝食も買って食べることができる）、本を読む間、教室に歩いてくる間に彼らの様子をチェックし、それ以外にも、休み時間（校庭で）、バスの列に並んでいる間（アメリカの学校ではスクールバス通学が主流）、ランチタイムなど、時間を見つけては子供たちと話すようにしました。さらに、毎日、子供たちが朝の日課に取り組む10分間を彼らと交流する時間にしたのです。

　このようにして、定期的に子供たちと関わる時間をもつようになったことで、子供たちのことについてより詳しく知れるようになりました。今では、今日は朝から機嫌がいいなあ、とか、何か悩んでいそうだ、というようなことがすぐに分かるようになりました。そのようにして気づいたことは、子供たちとのよりよい関係づくりを続けていく上でとても役に立っています。会話を始めるときは、簡単な質問をします。「一番好きな食べ物は？」「何色が好きなの？」「夕べは何してた？」「雨と晴れのどっちが好き？」「もし動物になれるとしたら何になりたい？　それはどうして？」。どうでもよい質問ばかりに聞こえるかもしれませんが、深い話をするための入り口としてはちょうどよいのです。話をするときは、必ず子供の目を見て、真剣に心から集中して聞くようにしています。ただし、子供が話したがらないときは、また別の機会に改めて話しかけるようにしています。

　2分チェックをするようになってから、学校の子供たちのことがもっとよく分かるようになりました。それに、信頼関係を築けたおかげで、安全で正しく、責任ある判断についても指導できるようになりました。また、彼らのことを学習者として尊重していることを態度で示すようにしています。

　2分チェックは、とくに問題行動を起こす子供たちとの関係づくりに役立つことが分かりました。私の目標は、子供たちをサポートし、励まし、彼らの成長的マインドセットを育て、私が彼らのことを心からに気にかけていることが伝わるように子供たちに接することです。そうすることで、子供たちとの絆が深まり、困り事に適切に対処したり、学習を妨げる問題行動をやめさせることができるようになりました。

子供たちと良好な関係を築くことは、ポジティブな校風や、子供たちのやる気を高める学習環境につながります。2分チェックは、子供たちと成長志向の関係を築くのにとてもよい方法です。

教育の黄金律（B先生の振り返りノートより）

まだ新米教師なので、1日の最初の授業の準備は毎回バタバタです。ホームルームの子供たちは、始業ベルと同時（遅れることもある）に印刷したての温かいプリントの束を脇に抱え、必死の形相で廊下を走って教室に駆け込んでくる私の姿を見ることになります。すると、学校が始まって数か月後のことです。1時間目に遅刻してきた子がいたので、遅刻票を渡しました。すると、次のようなことが起こったのです。

「ズルいじゃないですか」とその子は言いました。

「あなたがそう思うのは残念だけれど、ルールはルールよ」と私は答えました。

すると、「じゃあどうして先生はいつもルールを破るの？」と彼は聞いたのです。

彼の言うとおりでした。

子供たちの目の前で屈辱を味わいながらも、彼らのお手本になるような、信頼が厚く尊敬される教師と子供たちという強固な関係を築くには、「私がしているようにするのではなく、私が言うようにしなさい！」というアプローチでは絶対にいけない、と痛感していました。その子は、私が1年目の教師だということも、前日の夜遅くまで授業準備をしていたことも知りません。また、私には家に幼い子供たちがいて、とくに1年目は綱渡りをしているような気分だったことも知らなくて当然でした。彼からしたら、私が教師である自分と子供たちに別々の基準を設けているだけにしか映らなかったでしょう。実際、正しいのは彼でした。私がしたことは不公平だったのです。

「あなたの言うとおりだわ」と私は言いました。そして、こうつけ加えました。「あなたが先生のことを見逃してくれたら、今回のあなたの遅刻もなかったことにしましょう。それで、これからは先生もみんなも時間を守れるように頑張りましょう」

その後、この子とのやりとりを思い出しながら、この件はまったく別の結末を迎えた可能性があったことに気づきました。もし、遅刻のルールは子供たちにしか当てはまらないことにしていれば、教師の権限を振りかざすことで彼を言い負かすことができたでしょう。そして、それと同時に子供たちの私に対する尊敬が犠牲になったはずです。かわりに、私は今回の経験を成長するチャンスと捉えることにし、自分自身に対して次のように問いかけました：

・毎朝、時間どおりに準備するにはどうすればよいか？

・私が子供たちを尊重し、大切に思っていることをもっと上手に伝えるには、どうすればよいだろう？
・子供たちに、私が彼らに期待していることのお手本になるには、どうすればよいだろう？
・自立した、それぞれにニーズが異なる一人一人の人間として子供たちのことを尊重していることを伝えつつ、学級のルールを設定するにはどうすればよいだろう？

これらの「どうすれば」という質問を自分にすることで、自分の価値観をより明確かつ現実的な結果につなげられるようになったのです。質問は全て成長的マインドセットから出たものでした。もし、「できる」「できない」の二者択一だったら固定的マインドセットになってしまいます。ところが、「どうすれば」と聞くことで、言い訳ではなく、解決方法を考えなくてはなりません。今回のことで私が気づいたのは、私と子供たちの学級における役割は違うけれど、私を含む教室にいる全員が従うべき基準がある、ということです。

子供たちを育てる教室

ここまでは、子供たちとの関係をよくすることに焦点を当ててきた。子供たちが教師に愛さ

子供たちを甘やかす教室	子供たちを育てる教室	子供たちを切り離した教室
間違いは見逃してもらえ、とくにペナルティは与えられない。	失敗は学習するよい機会として捉えられている。2度目、3度目のチャンスが与えられる。	間違いはペナルティの対象となり、（または）点数を引かれる。
子供たちは自分たちの好きなようにさせてくれる先生が大好き。	子供たちは、挑戦するよう励まし、必要なときは助けてくれる先生が大好き。	子供たちにとって、教師は独裁的な門番のようだ。
誰にでも苦手科目はあるし、それは仕方がない！と教師が思っている。	誰でも努力と練習で何でも上達できる！　と教師が思っている。	テストの点数さえよければ他はどうでもいい！　と教師が思っている。
子供たちは自分では何もできないため、常に手取り足取り教えられなければならない。	子供たちは、自分で自分の学習を管理し、挑戦することが推奨されている。教師は、子供たちを手伝ったり、導いたりするのが役目だ。	子供たちは教師の言うとおりにする。それができない子は「聞き分けがない子」、できる子は「いい子」と見なされる。

れ、尊重されていると感じられることは、成長志向の学級づくりにとって必要不可欠だ。ピアソンが言ったように、子供たちがあなたを好きでなければ、彼らはあなたから学ぶことはできないのである。子供たちに成長的マインドセットを取り入れてほしければ、まずは、情報源であるあなたが信頼される教師でなければならない。

子供たちは、安全で人を育む環境だとより学習に集中することができる。ルールはない方がよいということ？　子供たちの自己肯定感を高めるために優しく甘やかす？　まったく違う。子供たちが、間違い、失敗し、落とし穴や挫折を含め、本気で学習に取り組むには、人を育む環境でなければならないということだ。それでは、人を育む環境とはどういうものか、表を見てみよう（前ページ参照）。

あなたは子供を育てる教室をつくれているだろうか？　子供たちが、あなたのことを、自分たちが何をしようと無関心で、自分たちには挑戦は無理だと諦めている教師だと感じているか、あるいは、教室でのルールやテストの点数ばかりを重視する教師だと感じていたとしたら、彼らは安心して本当の意味で学び、失敗することができない。一番よいのは、子供にとって適切な挑戦をさせたり、困っているときに手助けしたりしてくれる対応力が高い教師だ。子供たちの成長的マインドセットは、大きい挑戦を与えられ、その過程で安心して間違えたり失敗したりすることもできる、子供たちを育てる教室で最も花開くのである。

子供たちを育てる教室

あなたの教室を人を育む環境にするために変えた方がよいと思うことを3つ挙げよう。（例：授業中そわそわと落ち着かない子供たちが作業中に余計なエネルギーを発散できるよう、いくつかの椅子をヨガボールに変える。）

1.

2.

3.

保護者と良好な関係を築く

良好な関係を築くべき相手は子供だけではない。保護者の関与が子供の教育によい影響を及ぼすことは疑いようがなく、私たち教師は保護者の役割の大きさを理解している。ところが、とくに固定的マインドセットの教師の中には、三者面談に来なかったからとか、子供の宿題に（また）確認のサインがなかったからという理由で、教育に無関心な保護者だと決めつけてしまうことがある。このように、非協力的で無関心な保護者が増えたと教師たちが報告する一方で、アメリカのNSPRA〔National School Public Relations Association の略で全米学校広報連盟のこと〕が行った調査の結果、保護者の66パーセントが、教師たちから学級で起きていることの情報を十分に得られないとして不満に思っていることが分かった。[※42] つまり、教師たちは保護者が情報をほしがらないと言い、保護者たちは教師が何も教えてくれないと言っているのである。

どうすればこの認識のずれを改めることができるだろうか？

成長的マインドセットの教師は、保護者が子供たちの学習状況に興味をもってくれるための努力を怠らない。彼らは、どの保護者にも、子供の学業によい影響を与えるポテンシャルと能力があると信じていて、どんなに状況が厳しくても、保護者が関わってくれるよう諦めずに働きかける。とはいえ、保護者の協力を仰ぐことは、実はさほど難しくないということが、ある研究から分かった。

２０１４年にハーバード大学の研究チームが単位回復プログラム——卒業に必要な単位を取得できなかった学生のためのプログラム——の講師に、毎週、保護者宛てに学生の学習状況を報告する簡単なメールを書いてもらうというフィールド実験を行った。[※43]何人かの保護者には、学生がよくできていることを中心に褒める内容のメールが、また、何人かの保護者には、学生がもっと努力した方がよい分野を伝える成長志向のメールが送られた。

すると、保護者が週に一度のメールを受け取った場合、無事に単位を取得できた学生の数が6・5パーセント増加し、全体の落第者の数は41パーセントも減少したのである。中でも、学生がもっと努力した方がよい分野を伝えるメールを受け取った保護者がいる学生における効果が最も高く、９パーセントの学生が望んでいた単位を取得した。[※44]

これはどういうことなのか？　まず、保護者と効果的なコミュニケーションを図り、状況を変えるためには、必ずしも顔を突き合わせて長時間話し合う必要はないということである。先の実験では、週に1度、講師が保護者に短いメールを送っただけだ。たったそれだけで、落第する危険があった学生に大きな効果があったのである。それどころか、保護者たちに対し学生を褒めちぎるより、彼らの学習状況と今後より励む必要があることを伝えた方が、よりよい結果に結びついたのだ。

私たちは、成長志向のメッセージを褒め言葉で「サンドイッチ」するという教師に会ったことがある。

「デレックは学級の子たちにとってとてもよい友人で、無理をしてでも彼らに優しくしてくれるいいお子さんです。ところが、しょっちゅう課題を出さないせいで、算数が落第点になってしまっています。とはいえ、彼は学級をいつも盛り上げてくれますし、私は彼の楽しい性格が大好きです！」

保護者に悪い報告をしなければならないときに、よい報告で包むのは素晴らしい考えだ。それは、犬に薬を仕込んだステーキ肉を食べさせるようなものだろうか。それだと、犬は薬を飲まされたことに気がつかない。同じように、保護者は子供がもっと頑張らなければならないことについて知らされたのに、その前後に我が子を褒めちぎられたせいで、気づくことができないかもしれないのだ。

この方法では、デレックの保護者には曖昧な情報しか伝わらないことが分かるだろうか？算数の課題に対するデレックの無責任なところが、称賛の大合唱の中に埋もれてしまっている。保護者に対して子供を褒めるのはやめた方がよいということだろうか？　そうではない。子供のよいところを保護者に知らせるのは重要に変わりないが、実験の結果からも分かるように、子供の学業を向上させるには、子供が改善の必要があるところを知らせる方が高い効果が得られる。その際、包み隠さず明確に伝えることが重要だ。

ハーバード大学が行った実験のように、年度始めに成長志向のコミュニケーションシステムをつくることを検討してもらいたい。次の例のようにするとよいだろう。

まず、保護者をあなたの計画に巻き込むため、成長志向のメッセージの重要性を伝える。

保護者の皆様へ

お子様が様々なことを学び、成長していくにあたって、私と保護者の皆様との連携がとても重要となります。そのためには、お子様が苦労していると思われる、励ましが必要な学習内容についてお知らせすることだと考えました。今後、「成長志向のメッセージ」を週に1度のペースでお届けしますので、よろしくお願いします。

毎週、お子様にとってもう少し改善の余地がある学習内容に関するメッセージをお届けします。保護者の皆様には、その内容についてお子様が努力するよう、また、間違えた問題から学ぶよう促してもらいます。もちろん、お子様のよいところについてもたくさんフィードバックする予定です！　ただし、成長志向のメッセージでは、お子様にとって皆様の励ましがより必要になることを中心とした内容になっているので、ご了承ください。

以下が成長志向のメッセージの例になります：

エリカにとって、新しく始まった分数の単元がやや難しいようです。ご家庭でも日常的に分数の問題に取り組むようにするとよいでしょう。

これに対して、保護者の皆様ができることの例は以下のとおりです：
エリカに、算数の宿題を手伝おうか、と聞く（手伝うのは友達や親戚でも可）。
エリカに、学校の前や後に私から補習を受けるよう促す。
エリカが新しい挑戦に立ち向かうのを温かい言葉で励ます：「分数の勉強を頑張っていて、偉いね」や「私も分数は苦手だったけれど、一生懸命頑張っていればきっと分かるようになるから大丈夫」など。

ご家庭でもエリカが分数を学ぶのに役立つツールを取り入れてください。たとえば、彼女のタブレットに分数の勉強に役立つアプリをダウンロードするのもよいでしょう。

成長志向のメッセージの目的は、お子様ができないことに対してペナルティを与えることではなく、保護者の皆様と私とで協力し、お子様が難しい学習内容を習得するのを励まし、諦めずに頑張れるようにしてあげることです。子供たちは、挑戦が与えられなければポテンシャルを活かしきることができません！　私は、子供たちの教育には、保護者の皆様の力がとても大きく影響すると信じています。成長志向のメッセージは、お子様にとって最高の学習体験を提供できるよう、保護者の皆様との連携を強化するための私なりの方法ですので、ぜひご協力いただけますよう、よろしくお願いします。

お子様の担任教師より

あなたの教師としての仕事の中には、保護者への働きかけも含まれる。ほとんどの保護者は教育学士をもっていないため、子供たちを手伝うのにあたっては、あなたのガイダンスが必要なのだ。だからといって、保護者にメールを打ったり、会うスケジュールを立てたり、話すのに何時間も費やさなければならないということではない。それよりも、年度始めに保護者にお願いしたいことを伝えよう。たとえば、子供たちの学習にどんなふうに関わってもらうつもりか、また、彼らが学習のプロセスにおいてよい影響となるよう分かりやすい助言を伝えるとよいだろう。

幼いうちから自己効力感、つまり自分に対する信頼感をもたせることが重要だ。それと同時に、称賛や完璧であることにばかり捕らわれていてはならないことも理解させなければならない。そのためには、『マインドセット──「やればできる!」の研究──』でドゥエックが書いているように、「我が子に贈り物をしたければ、何事にも喜んで挑戦し、失敗から学び、楽しんで努力し、学び続けることを教えるのが一番だ」

ドゥエックが書いているような、成長志向の保護者と子供の関係を教師がファシリテートする簡単な方法がいくつかある。保護者と気軽にコミュニケーションをとれる方法をあといくつか紹介したい。次のような方法で教室で起こっていることなどを伝え、学校で取り組んでいる価値観や概念を家庭で強化してもらえるようにしよう。

保護者とのコミュニケーション方法

教室で成長的マインドセットを育むには、教師と保護者の連携がとれるだけで見違えるほど効果がある子供たちもいる。次のような方法を試してもらいたい：

Remind　このアプリを使って、携帯から安全に保護者にメッセージを送ることができる。
〔アメリカで広く使われる連絡用アプリ。学校・先生から一方的にメッセージを同時送信できる仕組みになっている〕

ニュースレター　デジタルか紙で、現在進行形の学習内容を伝えるニュースレターを発行する。家庭で保護者たちが新しい方法を試せるよう詳しい助言をするよい機会として活用しよう。

ソーシャルメディア　TwitterやInstagram、Facebookのようなプラットフォームを通して、保護者に学級の様子を伝えるハッシュタグを決める（例：#かがやく4年生、#○○組6年、など）

オンライン面談　保護者と直接会えるタイミングがなかなかない？　Googleのハングアウト、SkypeやFace Timeを使ったオンライン面談もお勧めだ。

クラスチャンネル　YouTubeやその他の動画サービスを使ってチャンネルをつくり、保護者たちが動画で教室の様子を見られるようにする。

アンケート調査　あなたの学級経営に対する理解度や家庭での連携について、定期的にアンケート調査を行う。Googleフォームなど、無料で簡単にアンケート調査や集計まで行えるアプリがたくさんある。

KidblogやSeesaw　学級で行ったアクティビティ、頑張ったこと、失敗したことや成功したことについて、子供たち自らにブログで学習内容を発信させる。

Adobe Voice　子供たちに、学習内容に関する短いプレゼンテーションを作らせる。プレゼンテーションには写真、文章や音声を含めてもよいこととし、メールやソーシャルメディアで共有させる。

前にも書いたように、せっかく学校で成長志向のメッセージを受け取っていても、家で固定志向のメッセージばかり受け取っていたのでは子供は混乱してしまう。保護者にも成長的マインドセットを知ってもらい、協力してもらう必要がある。ひょっとすると、固定的マインドセットだった保護者を成長的マインドセットに変えることができるかも？

〔なお、これらの方法は、あくまでも、教育現場でのwebツールの使用が促進されているアメリカならではの一例にすぎず、そのまま日本に適用できることではないことを十分にご留意いただきたい〕

同僚と関係を築く方法

ダンが高校教師になって初めて勤めることとなった公立高校では、教師たちがみんなで子供たちと一緒に学校の食堂でお昼ごはんを食べることになっていると聞かされた。〔アメリカでは、教師は子供たちとは別の場所でランチをとるのが一般的」義務というわけではなかったものの、暗黙の了解のようなものだったため、一人だけ参加しなければ、変な印象を与えかねなかった。教師1年目ということもあり、バリバリ働いて、お昼はコピー機にもたれてサンドイッチを口に詰め込む自分の姿を想像していたダンには、最初は正直言って、面倒に感じられたという。ところが、不思議なことが起きた。同僚たちとのランチタイムは、すぐに楽しみに変わったのである。仕事について話すこともあったが、多くの会話は学校に関係ないプライベートに関することばかりだった。一緒に過ごすうちに仲間意識が芽生え、後に教師たちが一緒に昼食をとる習慣がない学校に赴任したときは、同僚たちとのランチタイムがないことが残念に思えたという。

教師たちの関係が強固だと、学校全体の雰囲気にもよい影響がある。そして、子供たちのときと同じように、強固な、土台となる関係が築けていなければ、同僚を成長的マインドセットにすることはできない。また、これもやはり子供たちと一緒で、あなたが彼らの教育者としての能力や適性を信頼していることが伝わっていなければ、彼らもあなたが勧める成長的マインドセットを信じてくれないのである。

それでは、学校で同僚と良好な関係を築き、彼らから学ぶ方法をいくつか紹介しよう。

メンタリング　自分は常に指導される側であることを忘れてはならない。何であれ、学校には必ずあなたに価値あることを教えてくれる人がいるはずだ。まずは、その人を探そう！　反対に、指導する側になる機会があった場合は、絶対に断らないようにしよう。自分にとって最高の教育方針を他の人と共有し、振り返るよい機会になるだけでなく、そこから新しく学ぶこともいくつかあるはずだ。

PLC〔Professional Learning Communitiesの略で、日本語で「専門職の学習共同体」というアメリカの学校を改善する戦略の1つ〕　PLCを立ち上げるか既存のコミュニティに入る。もし、すでにPLCに属している場合は、これまで以上に活発に参加する。ここでは、他の教師たちから学んだり、協力し合うことができる。さらに、あなたが成長的マインドセットについて学んだことも共有してみよう。

委員会　委員会に参加する！　興味がある委員会に参加しよう。共通のことに情熱をもっている教師たちと話すよい機会だ。

PBL（課題解決型学習）に取り組む　学年単位、または教科単位でPBL（課題解決型学習）の計画に取り組む。PBLでは、子供たちが長い期間をかけ、大きい課題に取り組むため、教師同士の協力し合う機会にもなる。

チーム・ティーチング　1つの学級を他の教師と一緒に教える。協力し合い、密なコミュニケーションをとり、相手の教師から学ぼう。長期的に行ってもよいし、短期的に複数のクラスを合同で教えてもよい。

ブッククラブ　学期ごとに教師たちが読むための教育関連の課題図書を選び、感想や考えたことについて話す集まりの場を設ける。きっと、楽しい会話や新しい出会いがあったり、新たな発想が生まれたりするはずだ。

対人関係を築く　教師同士だからといって、常に教育の話ばかりする必要はない。プライベートに関する和やかな会話を楽しもう。好きな音楽バンドや野球チームの話題で盛り上がる、家族や趣味について話すなど、素晴らしい友人関係に発展するかもしれない。

共通の趣味を見つける　年度始めに、同僚たちに趣味に関するアンケートを行い、結果を発表する。共通の趣味をきっかけに、本来は接点のない教師たちが仲よくなるなど、より結束力が強い校風になるかもしれない。

同僚と関係を築く

同僚と関係を築く方法を3つ書いてみよう。

（例:今年度はカリキュラム委員会に参加して、カリキュラムや生徒指導に情熱を燃やす先生たちと交流をもちたい。）

1.

2.

3.

なぜ人間関係は重要なのか

なぜ、1章まるまる人間関係を扱ったのか？　それは、人間関係には大きな違いを生む力があるからだ。固定的マインドセットの教師は、子供たちや保護者、同僚から学ぶことなんてない、と言うかもしれない。反対に、成長的マインドセットの教師は、仕事や人生で成功するには、他の人たちの力が必要だと分かっているため、様々なことを教えてくれる周りの人たちを大切にすることができる。

成長志向の学級、ひいては校風をつくりたければ、良好な人間関係の構築を避けて通ることはできない。頑張りと努力で誰でも成功できると子供たちに言いながら、実際の行動が伴っていなければ何の意味もないのである。今月のマントラは、「自分は価値ある人間だ！」だ。あなたは価値ある人間だ、と口先で言うだけではなく、言われた人たちが心からそう思えるように努力しよう。そして、強固な人間関係を築く努力をすることで、プライベートでも仕事でも成長できると信じることが大切だ。

Chapter 5

8月

挑戦は楽しい!

自分の限界を超えないで、
どうやって自分の大きさを知るというのだろう?
——T・S・エリオット

今月の目標

・子供たちに公正と平等の違いを教える。
・それぞれの子供にとって適切な挑戦をさせる。
・子供たちに対する期待を高く設定し、本人たちにも伝える。

成長の公式

２０１２年７月、アメリカ進歩センターが年に２度行う全米学力調査において、驚くべき事実が判明した。衝撃的な数の子供たちが、学校の勉強に物足りなさを感じていたのである。[※45] うんざりするほどテストが多いことで知られるアメリカ教育において、圧倒的多数の子供たちが、学校の勉強は十分に挑戦的ではないと証言したのだ。研究員たちが分析した調査結果から、次のようなことが分かった：

・アメリカの８年生（日本の中学２年生）の29パーセントと４年生の37パーセントが、算数の授業がいつも（あるいは多くの場合）簡単すぎると答えた。

・８年生の57パーセントが、歴史の授業がいつも（あるいは多くの場合）簡単すぎると答えた。

・アメリカの高校生（日本の中学３年生から高校３年生）の21パーセントが、数学の授業がいつも（あるいは多くの場合）簡単すぎると答え、55パーセントが歴史の授業がいつも（あるいは多くの場合）簡単すぎると答えた。

つまり、調査の対象となったアメリカの８年生の約３分の１が学校の授業に物足りなさを感じていた。挑戦することを見つけ、楽しむことが成長的マインドセットの土台の一部であることを考えると、成長志向の学級づくりには、十分に難易度が高い授業が求められる。もし、忍耐やり抜く力、粘り強さが成長的マインドセットの構成要素なのだとすれば、私たちは子供たちに、それらの資質を磨く機会を与えなければならない。

ドゥエックは、これまでに何度となく挑戦的な学習課題の大切さを説いてきた。"*Educational Leadership* journal"（エデュケーショナル・リーダーシップ・ジャーナル）では、次のように語っている。「次から次へと簡単に成功する子供がいてはいけません。その経験から、努力せずに成功できなければ頭がよいことにはならない、という固定的マインドセットの考えが生まれるからです[※46]」

挑戦は、成長的マインドセットにとっての最重要課題だ。それがなければ、子供たちはリスクを冒したり、失敗したり、そこから再び立ち上がることを学ぶことができない。ドゥエックは、これを「成長する感覚」と呼び、成長的マインドセットを育てる中核となると言う。長く険しい成功への道のりは、苦しくとも大きな満足感が得られる。多くのアメリカの子供たちが、この道のりを歩むことができていないというのはがっかりだ。

今月は、子供たちの成長的マインドセットを育てるため、彼らにたくさんの挑戦を課すことに重点を置く。〔本章「8月」は日本において夏休みであるため、後に出てくるレッスンなどは、各学級の状況に応じて夏休み前後に実施するなどのご調整をいただきたい。この章を参考に夏休みの課題を立てるなどのアレンジもあり得るだろう〕そこで、学級全員が十分に挑戦できるレッスンプランやカリキュラムを考えてもらいたい。私たちが編み出した、よい結果を出し続けている成長の公式を分解してみよう。

子供を育てる環境＋挑戦的な課題＋高い期待＝成長

先月は、リスクを恐れずに挑戦しようと思える子供たちを育てる学級づくりの重要性について話した。そこで、今回は公式に含まれる残りの2つの要素について詳しく見ていきたい…子供たちに挑戦的で厳しい学習の機会を与え、それぞれの子供に高い期待を設定する。

挑戦的な課題を与える

最初から才能がある子供だけでなく、どの子供も有意義な課題に挑戦するべきである。学級全員が、日々取り組んでいる課題に意味を見いだすことができ、それが原動力となって、達成するために努力しようと思えなければならない。子供たちはその課題を好まないかもしれないが、やる意義と価値のある課題を与えよう。そして、必ず子供たちにその課題の意義や価値について説明しなければならない。もし、授業の目的を明確に伝えられない場合は、その授業は行うべきではないのかもしれない。

授業の計画を立てる際に、授業内容がどの子供にとっても十分に挑戦的かどうかを確認するために自分に問いかけるとよい質問をいくつか挙げておこう…

・どの子供も挑戦的な課題に取り組んでいるか？
・学級全員が十分に挑戦していると感じられるよう、一人一人の子供に合った課題を出せたか？
・子供たちがリスクをとるよう促しているか？
・リスクをとったり、挑戦を乗り越えた子供たちをどのように評価している？
・困難に直面した子供たちに対して、どのようなサポートがあるか？
・子供たちはプロセスに価値を見いだせているか？
・一人一人の子供が学習目標を達成するために私にできることは？
・子供たちが挑戦的な課題に取り組んでいるか確かめる方法は？　どういうところに気をつけて見ればよい？
・どんな教材を提供できている？　足りていない教材はない？
・授業目標は？　どうやって子供たちの理解度を確認する？
・子供が授業目標を達成できなかったらどうする？
・子供たちにどんな選択肢を与える？
・子供たちに疑問をもつよう促す方法は？
・適切な練習問題とは？
・子供たちが望む学習スタイルを理解しているか？

・子供の成長を助けるために、私自身に必要なサポートは？
・一人一人の子供に合った宿題や課題を出す方法は？
・私が子供たちの学習に対して情熱をもっていることを伝えるには？
・子供たちに、パートナーや少人数グループで効率的に作業する方法は伝わっているか？
・子供たちは、お互いを尊重しつつ「教え合う」方法を理解できているか？
・私は、全ての子供が学べると信じているか？

授業の計画を立てる際には、上記の全て（または、いくつか）の質問を自分自身に問いかけよう。そうすることで、それぞれの子供に合った挑戦をさせられるよう工夫できているかが、明確に分かるはずだ。全ての子供に同じことが期待されている状況では、一部の子供が本人のレベルに合っていない挑戦を強いられる可能性が高い。一人一人に合わせた期待とは、それが何であれ、その子供のニーズに応じるということだ。あなたが子供の頃に通っていた学校では、学級の全員に同じプリントが配られ、同じ方法で、同じ時間内に完成することを求められたのではないだろうか。そのやり方は、現代において最善の方法とは言えないため、教師たち（子供たちも）は、教育における公正と平等の違いをきちんと理解できていなければならない。

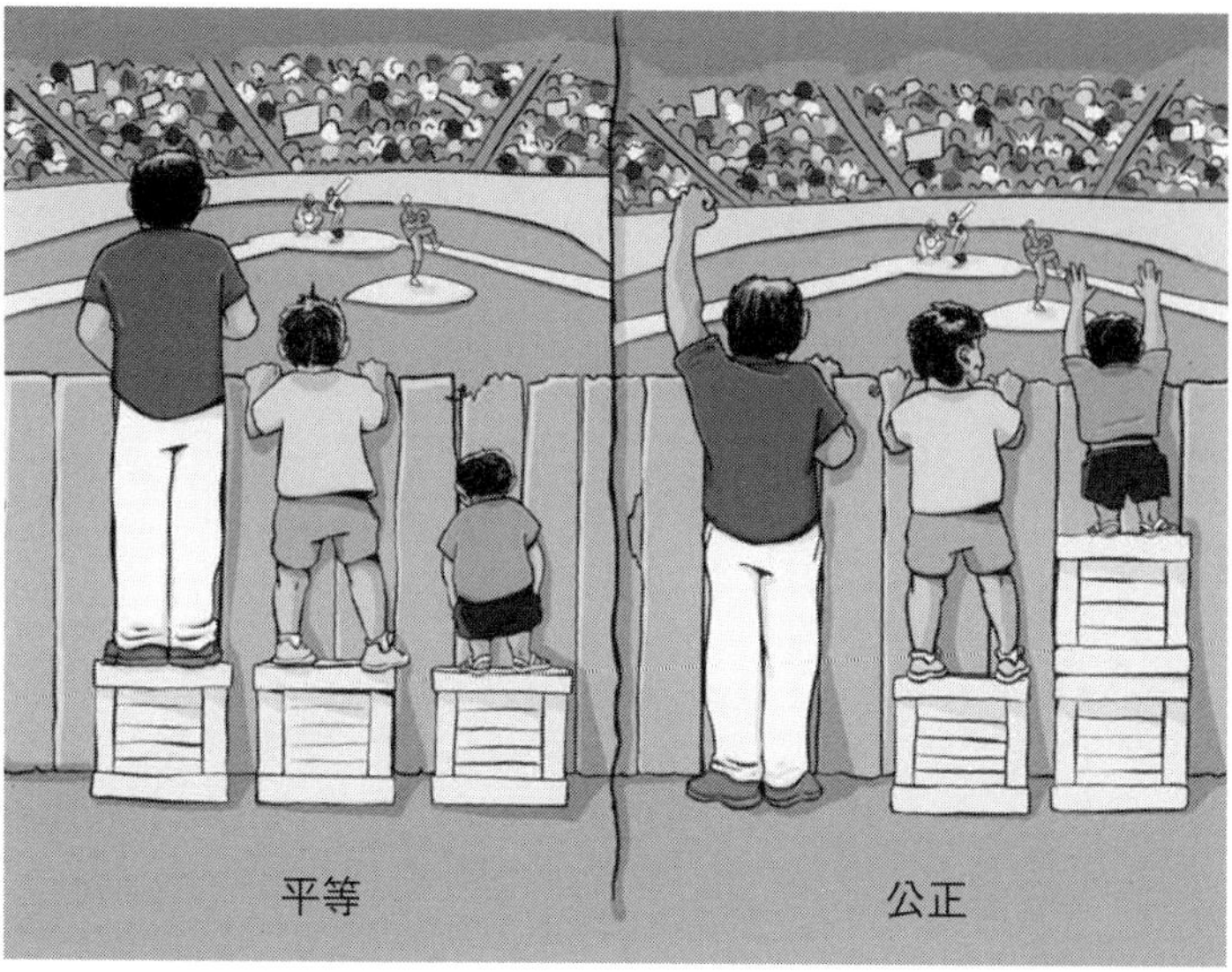

公正と平等の違い

公正と平等について説明するときに、その概念を完璧に示した便利なイラストがある。隣り合った2つのイラストにかかれているのは、高いフェンスのうしろに立つ幼児と子供と大人の後ろ姿だ。フェンスの向こうでは野球の試合が行われており、全員がそれを見たがっている。左のイラストでは、3人ともが同じ木箱の上に立っていて、「平等」を表している。この「平等」は「『同じ』の在り方」を描写しており、木箱の助けがなくてもフェンスの反対側を見ることができる大人は、さらに高いところから野球の試合を眺めていることが分かるだろう。次に、子供も木箱のおかげで試合の様子を見ることができている。ところが、幼児は木箱の上に立っているにもかかわらず、まだフェンスの向こうを見ることができていない。
かわって、隣のイラストでは「公正」つまりは「『公平』の在り方」を表しており、大人は木箱がない状態でも野球の試合を見ることができている。次に、子供も先ほどと変わらず1つの木箱の上に立つことで、また、幼児は今度は2つの木箱の上に立つことで、ついにフェンスの向こうが見えるようになった。これが、「公正」だ。イラスト※47の中の3人は、それぞれに必要なものが異なれど、それらを与えられることで目的を達成できている。

平等とは、全員が木箱を1つずつもらえることだ（イコール）。そして、公正とは、全員が野球観戦できることである（フェア）。ここで、平等と公正の定義を改めて確認しよう：

平等：「イコール」の在り方
公正：「フェア」の在り方

あなたは、平等ではなく、公正な学級の環境づくりを目指すべきだ。公正と平等を混同する教師は多く、フェアにするには、学級全員に同じツールを与え、同じだけサポートし、同じだけチャンスを与えなければならないという勘違いをしていることがよくある。ところが実際には、子供たちが成功するために必要なものはそれぞれに異なり、それを考えるのが教師の仕事だ。

子供が何を必要としているかを知るには、本人に直接聞くのが一番である。成長志向の学級にとって、公正さについてオープンに話せることは重要だ。最初は、他の子供より助けが必要であることを恥ずかしがる子供もいるかもしれないが、学級で公正と平等の違いについて学ぶことで、もっと積極的に助けを求められるようになるだろう。なぜなら、それが「公正」だと分かったからだ。

次に、公正と平等の違いを教えるためのミニレッスンのやり方を紹介しよう。

公正VS平等　レッスンプラン

レッスンの目的

このレッスンの終わりまでに子供たちができるようになること：

・公正と平等の違いを説明する
・公正と平等の違いを表す

必要なもの

・M&M'S　ボウル皿1杯
・Skittles（スキットルズ）〔オーストラリア産の粒状の菓子。〕やその他の小さなキャンディやお菓子
・パソコン
・プロジェクター
・インターネット環境
・公正と平等の違いの表
・紙
・筆記用具

やり方

まず、子供たちにチョコレートを1粒ずつ配る。そして、「今、私はあなたたちにチョコレートを何粒あげたでしょう?」と聞く。すると、子供たちは「1粒」と答えるはずだ。これを、そしたら、「正解。今、私はあなたたちにチョコレートを1粒ずつ配りました。これを、平等といいます」と言う。

ここで、平等の定義を教える:「平等とは、『イコール』の在り方です。つまり、みんながイコールに扱われることです。この場合は、みんなが同じ数のチョコレートをもらいました」

ここで、子供たちはチョコレートを食べてもよいことにする。

次に、学級を2つのグループに分け、それぞれのグループにインデックスカードを配る。Aグループには、チョコレートが必要ない、または、ほしくない人はどんな人かを書かせる。たとえば、「チョコレートアレルギーがある人」「朝ごはんを食べ過ぎてお腹がいっぱいな人」。対して、Bグループには、チョコレートが必要、あるいは、ほしい人はどんな人か書かせる。たとえば、「すごくお腹が空いてる人!」「甘いものが食べたくて仕方がない人」。少しふざけた内容でもよいことにしよう!

子供たちが書いたインデックスカードを回収し、それぞれに他の子供が書いたインデックスカードを配る。そして、チョコレートを入れたボウル皿を持って教室内を歩いて回り、子供たちにチョコレートを勧める。子供たちは、自分が持っているインデックスカードに書かれた内容によって、チョコレートを受け取るか断るかしなければならない。子供が断った場合は、次の子供に移る。子供が受け取った場合は、インデックスカードに書かれている内容に応じて、何粒あげればよいか子供たちに聞く。たとえば、「すごくお腹が空いてる」なら5粒、「チョコレートが好きだから」なら1、2粒かもしれない。

チョコレートを配り終えたら、次のように言う：「これが公正です。公正とは、その人に必要なものをあげることをいいます。みんなの中にはチョコレートが必要ない、あるいは、ほしくない人もいれば、そうでない人たちもいましたね。そこで、みんなで一緒に考えて、本当にチョコレートが必要な人にあげることができました。これが、公正です。教室では、先生が他の手段や手助けをする必要があると感じた子には、時間を多めに与える、別の課題に変える、または、教科書を読むかわりにオーディオブックを使ってもよいことにします。これが、教室での公正です。全員がまったく同じものを必要ということはありません。そのことがもっとよく分かるイラストを見てみましょう」

子供たちに、先の公正と平等のイラストを見せる。そして、平等を表すイラストを指し、次のように聞く：「3人全員が木箱を1つずつ与えられたらどうなりますか？」。すると、このような答えが返ってくるだろう：「1人、試合を見られない人がいる」「木箱が必要ないのに使っている人がいる」。次に、公正を表すイラストを指し、次のように聞く：「では、

公正？　平等？

	公正	平等
朝ごはんを食べていない子供に教師がグラノーラバーをあげる。		
ゲームの参加賞として、子供たち全員がシールをもらう。		
視力が悪い子供が、いつも教室の前の方の席に座っている。		
子供たちは、教室で飼っている動物の餌やりを順番で担当する。		
教師は、子供たちに鉛筆が必要かを聞き、必要と答えた子供にだけ配る。		
弟は宿題を終わらせなければならないため、寝る時間を過ぎても起きていることが許された。		
近所の人から、あなたと妹の両方にバレンタインデーのプレゼントをもらった。		
姉の靴に穴が開いたので、新しい靴を買ってもらっていた。		

それぞれ必要な分の木箱を与えられたらどうなりますか？」。すると、このような答えが返ってくるだろう：「みんな試合を見られる」。そこで、このように言おう：「そう、それが公正です。木箱の数は人それぞれ違いますが、みんなが目的を達成するために必要な分、使っています。いくつか、公正と平等の例を見てみましょう。どれが公正でどれが平等か教えてください」。表を見ながら、それぞれの状況が平等か公正かを子供たちにしっかりと話し合わせよう。

表にある状況をいくつか読み上げた後、子供たちに、これまでに体験したことがある公正、または平等な状況を1つずつ絵や文章にさせる。

理解の確認

子供たちの絵や文章を見て回り、それぞれが公正と平等を正しく表していることを確認する。今後も子供たちが忘れてしまわないよう、必要に応じて公正と平等という単語を使い続けよう。

個別化と挑戦

個別化とは、教育に公正さをもたらす方法の1つである。成長的マインドセットを育てるカリキュラムづくりには、全ての子供が十分に挑戦していると感じられるよう、一人一人の子供に合う教材や教え方を見つけることが鍵だ。個別化は、次の3つの分野で行える。

コンテンツ：子供たちの学習内容
プロセス：子供たちの学習過程
プロダクト：子供たちの学習成果

簡単に学習内容を習得し、大した努力を必要とせずに仕上げてしまう子供が必ずいる。そういった子供たちには、個別化を図ることで、より挑戦的な課題を用意することが大切だ。なぜか？　学校で十分に挑戦していると感じられない子供の典型的な心の中を見てみよう‥

「このクラス、つまらない！　勉強しなくても、いつもテストは満点だし。先生が出す課題も宿題もやりたくない。もう全部知ってるのに、ちょっとスペルを間違えたり、途中の計算を書かないだけで点数が引かれるんだ。知ってることをいちいち説明する必要がある？　普通に知ってるんだよ！　たまに面白いことを教えてくれても、少しやるだけだから満足できない。面倒だから、早く終わらせて、本を読んだり、パソコンゲームでもしようっと。それとも、もうやめちゃおうかな」

十分に挑戦していると感じられない子供はイライラしている。そこで、コンテンツ、プロセスとプロダクトを個別化し、もっと挑戦的な課題が必要な子供に対応する方法をいくつか紹介しよう（次ページ表）。

反対に、学級のほとんどが次に進めるようになってからも、その学習内容を習得するのに苦労している子供もいる。授業についていくことが難しいと感じている個別化が必要な子供の心の中を見てみよう。

「なんでみんな分かるの？　ぼくはバカだ。いつも遅くて、分かるまでに頭がいい子の2倍は時間がかかる。今、授業の内容が分からないなら、もう一生できないよ。あぁ、先生に指されないといいな。何をやっているのか全然分からないよ。どうせ、この課題も15分くらいしかやる時間はもらえないんだろう。そうなったら、課題を終わらせることより時計が気になって仕方ない。本当にこの授業は嫌だ。もう諦めようかな」

授業についていくのが難しい子供たちへのサポートは、公正な学級づくりの鍵となる。もし、子供たちがまだ理解できていないのに授業を切り上げてしまうと、「ぼく（私）にはできない！」という固定的マインドセットを強化する思考に拍車がかかってしまう。問題の概念やス

方法	説明	個別化する分野
前自己評価テスト	子供たちのスタート地点を確認するため、予備知識を評価する。子供たちがすでに知っていることは？　子供たちがスタート地点よりさらに上へ行くための授業を行う。	コンテンツ
様々なレベルの教材を用意する	様々な教材を用意し、より深く学びたい子供には追加の教材を提供する。教材は難易度別に揃えておくとよいだろう。	コンテンツ
学習契約書	子供と一緒に、本人の学習の進み具合に応じた今後の学習方針を話し合い、契約書を作成する。	コンテンツとプロセス
子供たちのペースを尊重する	厳しい締め切りは設けずに、子供たちの学習ペースを尊重する。	コンテンツ
上位思考	ブルームのタキソノミー理論を使って、上位思考に役立つアクティビティを考える。「理解」や「暗記」などの単語は避け、「分類」や「構築」といった単語を使うようにする。	プロセス
パートナーを組む	子供たちは、パートナーと一緒に疑問やアイディアについて話し合う。	プロセス
課題をアレンジする	プロダクトの選択肢を与える。たとえば、従来の読書感想文を書かせるのではなく、読んだ本を題材としたアプリやボードゲームを作ってよいことにする。	プロダクト
「しなければいけない」課題と「してもしなくてもいい」課題を用意する	優先してやらなければならない課題のリスト（例:資料動画を見る）と、それらが終わったら挑戦してよい、価値はあるが、それほど重要ではない課題のリストを作る（例:パソコンのコーディングを使ったアクティビティなど）。こうすることで、どの子供も手持ち無沙汰にならない。	プロダクト

キルを小分けにして、少しずつ全容を理解できるようにすることを検討してみてほしい。授業についていくのが難しい子供たちのために個別化する方法をいくつか紹介したい（次ページ表）。

子供たちのスタート地点や学習ペースはそれぞれ違う。表で紹介した個別化の方法は、それぞれのタイプの子供たちにとって、ほぼ適切な内容となっているはずだ。とはいえ、個別化の最大の特徴は柔軟性である。教師は、その場で急に課題などの難易度を調整しなければならないこともあるだろう。個別化とは、様々な方法を用いて一人一人の子供の学びを尊重するために、学級で取り組んでいる学習内容のコンテンツとプロセス、プロダクトをより公正にすることなのである。

パーソナライズドラーニング（学習の個別化）と挑戦

教育学者、作家や講師などの肩書をもつケン・ロビンソンは、２００６年に行ったＴＥＤトーク「学校教育は創造性を殺してしまっている」の動画が４千万回も再生されるなど、一躍世界的に有名な人物となった。そして、２０１５年に出版した『CREATIVE SCHOOLS―創

方法	説明	個別化する分野
読解レベル別の教科書	様々な読解レベルに対応した教科書を用意する。	コンテンツ
オーディオや動画	授業内容の理解に役立つ動画、ポッドキャストやチュートリアルビデオを用意する。	コンテンツ
グラフィックオーガナイザー	新しい学習内容や予備知識を整理するためのグラフィックオーガナイザーを用意する。	コンテンツ
小分けにする	難易度が高い課題は小分けにする。	プロセス
教具	手に取ることができる教具を使い、学習内容を体験できるようにする。	プロセス
ジグソー法	子供たちはグループ単位で課題に取り組む。一人一人が担当をもち、全員で協力して学ぶ。	プロセス
選択肢を与える	課題の提出方法を選んでもらう。詩を書く、寸劇をする、レポートにまとめるなど。	プロダクト
様々なルーブリック	学習の違いが考慮されない画一的なルーブリックの使用は避ける。	プロダクト

造性が育つ世界最先端の教育―』では、「崩壊した」アメリカの教育システムの改革計画を打ち立て、現行の個性乏しい「工場化」している教育モデルへの対応策として、パーソナライズドラーニングについて書いている。彼は次のように述べている：「教育は、若い人たちが自分の周りの世界だけでなく、自分の中の世界とも関わり合うためにある[※48]」

　ロビンソンのアメリカの教育システムに対する考えをどう思うかは別として、

パーソナライズドラーニングは、子供たちの自主性や学習スタイル、関心、情熱を尊重する教育法として勢いを増している。もしかすると、パーソナライズドラーニングこそが、子供たちが挑戦し、熱中して取り組むのに最も適した方法なのかもしれない。子供たちが個人的に夢中になっていることを、社会に出てからも役立つようなカリキュラムの中に組み込むのである。

このように、パーソナライズドラーニングや子供主導の学習方法の人気が高まる中、多くの教師が20%ルール、ジーニアスアワー、パッションプロジェクトや探究学習などの子供たちが情熱を傾けていることに直結する、興味深くて挑戦的な課題に取り組ませる方法を試し始めた。そのどれもが子供たちの声と選択が反映される学び方になっている。早速、そのいくつかについて詳しく見てみよう。

20%ルール　学習したいことを子供たちに決めさせる。20%ルールとは、Google社が考案した、業務時間のうちの20%の時間を、本来の業務ではない、社員が強い関心をもっていることに使える制度だ。理論としては、好きなことをできる時間を与えることで、新しい発想が生まれたり、より創造性に富んだことができるようになり、それが他の仕事にもよい影響を与えるという。子供たちの場合では、より深く学び、学校以外の時間にも勉強に励むことが期待できる。

パッションプロジェクト　子供たちは、自分が積極的に学びたくなるような質問を考える。そして、すでに知っていることや、これから知りたいことを整理し、自分で考えた質問の答えを見つけるための計画を立てなければならない。子供たちは、自分たちで調べ、学習計画を立て、挑戦に立ち向かい、学んだことを他の人たちと共有する機会を得られる。

ジーニアスアワー　子供たちは、自分たちが情熱や関心をもっていることについて学ぶ機会を週に1時間もらえる。ジーニアスアワーでは、革新的なアプローチを試みたり、予備知識で問題を解決したり、その過程で新たに生まれた疑問に取り組むことなどが奨励されている。教師は、学習プロセスを通して子供たちをファシリテートしたり指導したりする。

探究学習　子供たちは、与えられたテーマや概念について疑問に感じたことに基づいて学習する。教師は、子供たちにとって必要な知識や、これから学ぶことについては一切触れず、子供たちを運転席に座らせ、授業をスタートしたら、子供たちが疑問に基づいて学ぶよう促し、様々な質問を投げかけ、子供たちの好奇心や調査を刺激するようにする。子供たちは、学んだことを自分と結びつけたり、答えや結果についてじっくり考える時間が与えられる。

個別化という冒険（H先生の振り返りノートより）

幼稚園の初日に、大きいカラフルなそろばんを使って算数における1対1対応について教える準備をしながら、ふと気づいたことがありました。学級には、算数のレベルが普通の幼稚園児をはるかに凌《しの》ぐ子がいたため、その子のためにもより深く掘り下げた授業をしなければならないだろうなと思ったのです。

子供たちに、まずはこんな質問をしてみました：「この道具の名前や何に使うものか知っている人はいるかな？」。子供たちには、パートナーを組んで、お互いの考えについて話し合わせました。次に、もう1つ質問をしました：「このそろばんには、いくつの玉がついていると思う？」。すると、40から100万まで、何とも子供らしい答えが返ってきました。そこへ、ジョーダンが大きな声でこんなふうに言ったのです：「玉はぴったり100個あります！」。きっと、実際に玉を10個ずつ数えていったか、もともと知っていたのだろうと思いつつも、なぜ分かったのか聞いてみました。

すると、彼はあっさりとこう答えたのです：「1つの列に10個ずつ玉がついていて、それが10列ある。10かける10は100だからです」。そうです、彼は100を数えるのに算数における1対1対応を学ぶ必要がなかったのです。幼稚園初日までに保護者に書いてもらったアンケートで、ジョーダンが3歳の頃から読書が大好きで、身の回りのあらゆることに興味をもっている子だということは知っていました。ジョーダンは、好奇心旺盛でもとより、自ら積極的に学ぶ子でした。

その後、私は彼に幼稚園では何を一番学びたいか聞いてみました。すると、彼は少し考えてから、時計を読めるようになりたいと言ったのです。よしきた！　私たちは、アナログ時計を読めるようになるための学習計画を一緒に考えました。これがジョーダンにとって素晴らしい第一歩となり、その後も、彼が様々な学習分野で挑戦的な課題に取り組むのを助けるのに欠かせない方法になりました。

ジョーダンは、丁寧に組み立てられた問題や、論理的な文章題はすぐにできるようになるのに、やり方が決まっていない批判的な思考や創造性が求められるオープンタスク問題は苦手で、イライラしやすいところがありました。そのため、とても頭はよいのに、何時間もかかって学習目標をほんのわずかしか達成できないこともありました。ジョーダンに必要だったのは、彼だけのための指導プランと成長的マインドセット強化のためのレッスンだったのです。私は、恐れずにリスクをとることや、学習における努力やプロセスの重要性を彼に教えなければいけませんでした。そこで、ジョーダンの保護者には、家庭でもどんどん失敗させ、失敗したときの気持ちを話させるよう頼みました。さらに、期待や「まだ」という言葉の力、問題は解決できること、問題についてじっくり考えるということについても話してもらいました。

ジョーダンの学習態度はとても前向きでしたが、すぐに答えられない、あるいは本人が間違えそうだと思った問題は、「分からない」と言って簡単にやめてしまいます。また、正解じゃないと分かるとすぐにへそを曲げてしまうので、もう少し忍耐強くなってもらわなければならないと感じ、そのためには、教室自体をより成長志向にする必要があったのです。教室は、リスクをとったり、失敗したり、自分自身のことをよく知るための安全な場所だということを彼に伝えなければいけませんでした。

そこで、彼が得意な言語的手がかりをベースに、綿密に組み立てたグラフィックオーガナイザーとタイムラインを使って彼の自信を育むことにしました。ジョーダンは、自分でやり方を考えなければならない問題や、正解がはっきりしないアクティビティになると戸惑いました。たとえば、ライティングの授業で私がする質問に対して、予備知識や自分の考え、過去の経験に基づいて考えるか、さらなる疑問を提示する。または、自分なりの解決法を考えてそれを文章にまとめるか、頭に浮かんだことを絵にかく、という課題を出しました。

するとジョーダンはだんだんと感情のコントロールがきくようになりました。失敗を恐れて安全な場所にとどまろうとするのではなく、前に進むことで、彼にとってやりやすい構造学習を構築し、忍耐力が鍛えられたのです。ライティングは、彼の考える力を育て、挑戦するにはぴったりでした。正解も不正解もなく、自分の考えと、どうしてそう考えたのかについて書くだけだからです。何よりも重要だったのが、私たちの教室は、学級全員がそれぞれの作品を学級に共有し、他の子供たちから新しいアイディアを得たり、それぞれの意見を肯定するなど、一緒に成長できる安心して考えられる環境だったということです。一人一人の習熟度は違っても、子供たち全員が自分自身に挑戦し、さらに上を目指そうとする素晴らしい学習者のコミュニティができました。

ジョーダンが初めて一人で取り組んだ課題の1つが、木星に関する探究学習でした。彼はもともと木星について深く学びたいと思っていたようです。そこで、彼が宇宙探査に興味をもっているのを利用し、よりレベルの高い学習に挑戦させることにしました。彼には、質問をし、答えを見つけ、その答えに対してさらなる疑問をもてるようになってほしかったからです。問題を解決し、じっくりと考え、別の方法を試し、失敗し、さらに新しい方法を試し、革新的な発想をもち、諦めずにやり遂げ、そして、他の子供たちに自分が学んだことや、学習プロセスについて共有してもらいたかったのです。わずか5歳の子供たちにそこまで求めるの？　と思われるかもしれませんが、安全な学習環境にいる子供たちは挑戦に立ち向かいます。お互いに助け合い、積極的に学び、意識的に問題を解決できるのです。

さらに、ジョーダンの創造力を高めるため、学級のみんなが遊べるかけ算を使ったボードゲームを作ることを提案しました。かけ算のことは大まかには理解できていましたが、知らなかったことを新たに学びました。ゲームを作る過程では、自分の考えを説明したり、ボードをデザインしたり、さらには、割り算に関する知識まで駆使するなど、他の子供たちの興味を惹《ひ》きつけられるような、楽しくてインタラクティブなゲームになるように考えることで、創造力も高めることができました。

ジョーダンは、学級の子供たちにゲームに関するアンケートを取りました：サイコロとカードのどちらを使ったゲームがよいか、点数はどうするか、2人用か4人用か、など。彼らの意見をもとに計画を立て、デザインし、作っては直し、よりよいゲームになるよう改良を繰り返しました。それ以外にも、自分でも新たなアイディアを出したり、学級の子供たちのフィードバックに耳を傾け、それを活かしたりすることも忘れませんでした。

ジョーダンに適した学習アプローチを行うことで、問題解決など必要なスキルを伸ばすことに集中して取り組めました。他にも、パソコンを使って課題に取り組む、チェスのやり方を学ぶ、論理的パズルを解く、さらには、グループ作業を通して忍耐力を鍛えました。従来のカリキュラムでは物足りない彼にとって、どれも難しいことだらけでした。ジョーダンにとって必要だったことに取り組ませることで、彼の心を育て、挑戦を楽しみ、他の人と協力できる、成長的マインドセットの子供にすることができたと信じています。

パーソナライズドラーニングの重要性

教師には、子供たちに習得させなければならない基準があることは承知している。だからといって、全ての子供たちに合うとは限らない画一的な教え方をする必要はない。もちろん、学級全体に向けて指導した方がよい概念もあるが、全てにおいてそうしなければならない理由などないはずだ。パーソナライズドラーニングでは、従来の学級全体に対して行う指導ではかなわなかった、子供一人一人に興味をもたせ、挑戦させることができる。まずは、それぞれの子供が課題を選べる探究学習から始めるとよいかもしれない。中には、学級全員がそれぞれのパーソナライズドラーニングの学習計画に沿って勉強をしている学校もある。

パーソナライズドラーニングでは、子供たちは自分たちの興味に基づいた学習内容に責任をもって取り組み、学んだことを発表し、他の子供たちに伝えることができる。つまり、子供たちに意義のある挑戦的な課題を与えるのに適した学習方法だと言える、とドゥエックはいう。[※49]

教師がパーソナライズドラーニングを最大限に取り入れることの大きな利点として、子供たちの課題に対する責任感が増し、より意欲的に取り組むようになることが挙げられる。

高い期待を設定する

ロバート・ローゼンタールは、期待――期待が成果に及ぼす影響について――に関する研究で有名な研究者だ。1960年代、彼は本人たちには内緒で、心理学の大学院生である教え子たちを被験者として、期待についての実験を行った。[※50] 彼は、学生たちに普通の実験用のラットを与え、迷路実験をするよう指示した。このとき、何人かの学生には、「迷路が得意」な遺伝子をもつラットだと伝え、その他の学生には、「迷路が苦手」になるよう繁殖させたラットだと伝えた。ところが、そのような事実はなく、実際にはどちらもごく普通のラットだったため、どのラットも似たような結果を出すはずだった。

実際には、ふたを開けてみると、「迷路が得意」なラットが「迷路が苦手」なラットの何倍も速く迷路をクリアできるようになったのである。なぜこのような差が生まれたのか？　ローゼンタールは、与えられたラットが「迷路が得意」か「迷路が苦手」かによって、学生たちが結果に対し、ある一定の期待をもったのではないかと推測した。その期待がラットの扱いに差を生み、思い込みが現実になる自己成就予言のような効果をもたらしたのではないか、と言う。与えられたのが「迷路が得意」なラットだと信じていた学生たちは、ラットが出した結果に満足していると報告しており、「迷路が苦手」なラットだと信じていた学生たちにくらべ、ラットに対して大きな声を出したりせず、じっくり向き合い、優しく、丁寧に扱っていたという。自分たちのラットは迷路でよい結果を出せると学生たちが信じていたことで、ラットも期待に応えたのである。ローゼンタールは、学生たちの期待がラットとの関係に影響を及ぼし、さらにはラットのパフォーマンスに表れたという結論に辿り着いた。

　この実験結果について、"*American Scientist*"（アメリカン・サイエンティスト誌）の中でローゼンタールは次のように話している：「賢くなることを期待されたラットがそれに応えることができたのなら、教師に期待された子供たちもそれに応えることができるだろうというのは、そう間違っていないはずだ」[※51]。この考えをもとに実際に学校で実験を行ったローゼンタールは、自ら「ピグマリオン効果」と名づけた現象を発見した。この実験では、幼稚園の年長から小学5年生までの子供たちに知能テストを実施し、子供たちがこの先1年でどれだけ成績が伸びるかが分かるテストだとして教師たちに説明した。テストの結果、この1年で成績が飛躍的に伸びるとされる子供たちを「ブルーマー」（開花する、という意味）と呼び、彼らの名前を教師たちにこっそり伝えた。ところが、このテストはまったくのでたらめで、教師たちに伝えた名前も無作為に選んでいたのである。

1年後、「ブルーマー」の20パーセントが「迷路が得意」なラットと同様の成果を出していた。「ブルーマー」は「ブルーマー」ではない生徒たちにくらべ、平均してよい成績をとっていたのである。ラットを使った実験での学生たちと同じく、教師たちは「ブルーマー」に高い期待を設定し、言語的または非言語的な方法で、彼らにはより高い基準が求められていることが伝わるようなコミュニケーションをとっていたことが分かった。すると、どうなったか？　子供たちは挑戦を受けて立ち、高い期待に応えたのである。

ローゼンタールの実験に参加したビバリー・カンテロという教師は、初めて実験における自身の役割について聞かされたときは憤りを覚えたが、その後の教師生活に大きな影響を与えられた、と2015年の〝*Discover Magazine*〟（ディスカバー・マガジン）で語っている。[※52]また、その後、クロード・モネや世界地理の授業でより「綿密なレッスンプラン」を立てたこと、さらには、子供たちの成績に自身の子供たちへの期待が大きな影響を及ぼすことを意識するようになったと語っている。ローゼンタールは、高い期待がよい成果を生む4つの要素が関係していると言う。[※53]

ローゼンタールが高い期待を表すとするその4つの要素の問題は、そのほとんどが、無意識の行動であるという点だ。怒った表情をする、眉をひそめる、軽く肩を叩く、笑いかける――これらはどれも教師に限らず、誰もが何気なくしていることだ。このような、何百という教師の日常的な仕草が、子供たちに様々な感情や態度として伝わり、彼らの成績に影響するかもし

ローゼンタールの４つの要素	
雰囲気	教師は、子供たちにとって温かく親しみやすい態度を示す。
インプット	教師は、高く期待している子供たちに対し、より多くの時間とエネルギーを費やす。
アウトプット	教師は、高く期待している子供たちを何度も指名し、彼らなら答えられると信じていることを示す。
フィードバック	教師は、高く期待している子供たちに対し、より質の高いフィードバックを多くする。

れないのである。とはいえ、カンテロが言ったように、低い期待がいかに子供たちに悪影響を及ぼすかを意識するだけでも、子供たちに高い期待を持ち、彼らの能力を信じることに役立つはずだ。さらに、教師の子供たちを信じる気持ちが言葉や態度に表れることも十分に考えられる。

成長的マインドセットと同じで、成果が得られると信じることが大切だ。ローゼンタールの４つの要素について、いくつかの方法を試してみよう。

子供たちが、教師の発する言語的または非言語的手がかりから、彼らに対する期待の高さを感じ取ることは、証明する研究が数多く存在することから、もはや疑いようがない。すでに、成長的マインドセットを教えることで子供たちの成績が向上することは学んだが、研究の結果、高い期待を示すことでも、同様の効果が得られることが分かった。

ローゼンタールの4つの要素（実践編）			
雰囲気	**インプット**	**アウトプット**	**フィードバック**
行動規範を定めることで、子供たちが、明確な学級のルールに基づく正しい行いができるようにする。	子供たちが困ったときに必ず使う方法を考える。たとえば、問題が解けないときは「3人のクラスメイトたちに聞いて、それでもダメだったら先生に聞く」と決めておけば、子供同士でフィードバックをする環境ができる。	新しい方法を試す、調べものをする、課題を見直すときは子供たち同士で教え合うようにする。	フィードバックに「まだ」を使う。「できていない」ではなく、『まだ』できていない」
ポジティブなスキンシップをとる。（ハグ、ハイタッチ、グータッチ、秘密のハンドシェイクなど）〔2人以上で考えた独特な握手の仕方をすることで仲間意識を高めるもの〕	正解の例を明確に伝え、あなたが子供たちに何を期待しているかが分かるようにする。	完璧かどうかではなく、頑張ったことが伝わる作品や、以前とくらべ、よくなった作品を展示する。	「やったね」や「よくできました」などの無意味なフィードバックは避ける。また、「あなたは悪い子ね」のような否定的な決めつけ方をしない。
子供たちに笑いかけるなど温かい態度で接するよう心がける。ため息、睨みつける、あきれ顔は絶対にしない。	子供たちと一緒にルーブリックを作る。子供たちに、何を期待されているかを明確に理解させる。	質問をするときは、どの子供にも答える時間を平等に与える。	子供の作品のよかったところを具体的に褒める。
タスクより自主性を重んじる。	「私がして、みんなでして、あなたがする」という、少しずつ一人でできるようになる方法を取り入れる。これには、直接指導しながらお手本を示す、補助をしながら一緒に練習させる、も含まれる。	どの子供にも、一人で作業する時間を与える。	子供が学習に取り組んでいるときや一人で練習をしているときは、努力重視のフィードバックをする。
子供のプライベートに興味を示し、それぞれが大切な存在であることを伝える。子供たちの生い立ちについて尋ねたり、理解を示そう。本、音楽、詩や現在学級で企画しているイベントが子供たちの多様性に対応できていることを確認する。	どの子供にも、与えられる時間、配慮、サポートや教材が公正になるようにする。子供たちの目標達成に必要なものは全て与える。	全員に意見を聞くなど、全ての子供たちが授業に貢献できる方法を考える。	子供に作品や課題を返却するときは、どうすればもっとよくなるかを明確に伝える。
子供たちとしっかりと目を合わせる。あまり期待をしていない子供たちとは目を合わせる機会が少なくなっている場合がある。	課題に取り組む間は必ず子供たち全員の様子を見て回り、正しくできているか確認する。	全ての子供たちに習得したスキルを使う機会を与える。	子供たちに、フィードバックの内容に沿ってやり直し、再提出する機会を必ず与える。
全ての子供たちと近い距離を保つ。高く期待している子供たちを教室の前の方に座らせることがよくあるが、その習慣がある場合はやめる。	どの子供にも、平等に質問に答え、手助けをするなど。	追加点〔アメリカではextra creditといってテストの追加問題や追加課題という形で追加で点数を与えるシステムがある〕、課題や学級の係など、どの子供にも平等に機会を与える。	日頃から、あなたが子供たちの能力を信じていることを伝え、目標を達成できたときや前向きに頑張っているときは適切な言葉で褒める。

テキサス大学のデイビッド・イエーガーとスタンフォード大学のジェフリー・コーヘンがドゥエックと共同で行った研究が"*Journal of Experimental Psychology*"（ジャーナル・オブ・エクスペリメンタル・サイコロジー）に掲載された。研究では、7年生（日本の中学1年生）の生徒たちに、自分たちのヒーローについての作文の下書きを提出させ、教師は普段と変わらないコメントをつけ、文法、語彙《ごい》、伝わりやすさについて、これまた普段と変わらない評価を行った。研究員たちは、いくつかの作文を無作為に選び、それぞれに2種類のコメントが書かれた付箋紙をつけた。片方の付箋紙には、「効果的なフィードバック」として「作文にコメントをつけたのは、先生があなたに期待しているからです。あなたならできます」と書いてあり、もう片方には「事務的なメモ」として、あまり心に響かない「何かしらのフィードバックが必要なのでコメントを書きました」というメッセージが書いてあった。子供たちは、返却された作文を直して再提出する機会が与えられた。

　結果は、「効果的なフィードバック」の付箋紙がつけられていた作文では、直せるところを直し、再提出した生徒たちが多かった。驚いたことに、アフリカ系アメリカ人では、高く期待しているというコメントがついていた生徒たちは、そういったコメントがついていなかった生徒たちにくらべ、60パーセントも高い確率で作文を再提出していたのである。従来、十分な教育を受けられなかった生徒たちだけで見ると、あなたなら期待に応えられると信じている、という内容のメッセージが含まれていないと、フィードバックの効果が十分に得られないことが分かった。心理的な励まし（「あなたには期待しているし、やればできると信じているよ」などど）が含まれていなければ、学業に対するフィードバックの効果は劇的に落ちていたのである。

努力と高い期待の組み合わせによって、成長的マインドセットの強化に最適な状況が整う。ただし、それは子供たちが困難なことに挑戦しているときに教師の励ましがあった場合に限られていた。正しいフィードバックや褒め言葉は、成長的マインドセットを強化し、努力と粘り強さの価値を伝えることができる。ところが、間違ったフィードバックや褒め言葉は、子供たちを固定的マインドセットに突き落としてしまうことがあるのだ。

Chapter 6

9月

フィードバックは贈り物だ

結果と今後の改善点について常に考える
フィードバック・ループを回すことが重要だ。
——イーロン・マスク

今月の目標

- 能力を褒めることと努力を褒めることの違いを理解する。
- 効果的なフィードバックの仕方を考える。
- 子供同士で効果的なフィードバックをする方法を教える。

褒めることの落とし穴

ポー・ブロンソンが2007年に“*New York Magazine*”（ニューヨーク・マガジン）誌に寄せた“How Not to Talk to Your Kid,”[※54]という記事の中に、ドゥエックがニューヨークの学校に通う400人の小学5年生を対象に行った実験に関する記述がある。実験の内容について説明しよう：ドゥエックの研究チームは、5年生の子供たちに簡単なパズルを出題し、完成すると、次のどちらかの言い方で子供たちを褒めた。

「パズルが得意なんだね」または
「一生懸命考えたんだね」

そして今度は、子供たちに、次に挑戦するパズルを2つの中から選ばせた：1つめは、最初にやったのと同じ簡単なパズルで、2つめは、研究チームが言うには子供たちのためになるであろう、ものすごく難しいパズルである。すると、興味深いことに、パズルが得意なんだね、と褒められた子供たちの大半は簡単なパズルを選び、一生懸命考えたんだね、と褒められた子供たちの90パーセントは難しいパズルを選んだのである。

このことから、ドゥエックは次のような仮説を立てた。頭がよいことを褒められた子供たちは、教師や保護者、そして、この場合は研究チームが自分たちに対してもっているはずの期待に応えようとしたのではないか…つまり、どんな方法を使ってでも頭がよく見せることに。そこで、ドゥエックと研究チームは、もう一度改めて実験を行った。前回と同様に、まずは簡単なパズルを子供たちに出した。ところが、今回は、次のパズルは選ばせず、全ての子供たちに1つめのパズルよりずっと難しくて絶対に解けないパズルを出題したのである。すると、思ったとおり、誰にも解くことはできなかった。ところが、最初の実験で一生懸命考えたことを褒められた子供たちは、今回失敗した原因は集中力が足りなかったせいだと考え、研究チームのメモによると、「子供たちはパズルにのめり込み、様々な方法を試していた」という。

反対に、頭のよさを褒められた子供たちは、パズルが解けなかったのは、自分たちの知能に直接関係があると考えた。さらにこの後、研究チームはもう1つだけパズルを出題した。先ほどとはうってかわって簡単なパズルである。子供たちが、1つ前の超難解なパズルに何らかの影響を受けた可能性があると考えたのだ。すると、一生懸命考えたことを褒められた子供たちは、一番初めにやった簡単なパズルよりはるかによい結果を出したのである。反対に、頭のよさを褒められた子供たちは、一番初めにやった簡単なパズルより、結果が20パーセントも悪くなっていた。一体何が起きたのか？　子供たちは、難しいパズルが解けず、研究チームの期待に応えられなかったことで、一瞬にして自信を喪失してしまったようなのだ。

固定的マインドセットと成長的マインドセットという発想は、このような、実にシンプルな実験から生まれた。ドゥエックは、頭のよさを褒められた子供たちが、称賛にしがみつこうとするあまり、「頭がよい」というレッテルがはがれてしまわないよう、難しいことに挑戦しなくなることに気づいた。彼らは、失敗し、最初に頭がよいと評されたのが覆らないよう、自己保存のために固定的マインドセットになっていたのである。反対に、一生懸命考えたことを褒められた子供たちには、そういった不安定さは見られなかった。彼らは、ごく自然に成長的マインドセットを使って、失敗は努力や新たな挑戦の結果でしかない、と考えることができていたのである。

よい褒め方

今月の目標の1つめは、あなたに能力を褒めることとプロセスを褒めることの違いを理解してもらうことだ。能力を褒める場合は、知能のような子供たちが生まれつきもっている性質や資質に焦点があたっているということである。一番よく耳にするのは、「頭がいいね」だろう。この褒め方のどこがいけないのかというと、これでは、彼らが成功したのは、課題に対する努力ではなく、彼らがもって生まれた能力のおかげというように受け取れてしまう。一方で、過

能力を褒める	プロセスを褒める
算数の才能があるんだね。	この問題は少し簡単だったみたいね。 もっと脳を頑張らせる問題に挑戦してみようか。
頭がいいね。	問題を解くのにいろいろな方法を試していて 素晴らしい。
いい子ね。	お願いしていないのに、お絵かきコーナーを きれいに片づけてくれてありがとう。
絵の天才だね！	頑張ったのが伝わるいい絵が描けたね。
文才があるね。	工夫して書いたことが分かるいい文章だね。

程を褒める場合は、目標を達成するための努力、方法や行動に焦点があたるため、次のようになる：「とてもよく頑張ったね」。このように伝えることで、成功したのは努力の賜物《たまもの》なのだというメッセージを送ることができる。

建設的な批評をする場合にも同じことが言える。能力を批評するということは、失敗や挫折を相手の資質のせいにするフィードバックを行うということだ：「あなたには算数の才能がない」というのがいい例である。反対に、プロセスを批評するということは、課題の取り組み方や努力、またはそれらの不足を指摘することをいう：「そのやり方ではできなかったみたいだけれど、他によい方法はない？」など。

違いが分かるだろうか？　能力に対する称賛や批評は、知能やその他の個性に直接関係があるため、言われた本人は、挑戦することで失敗してしまうかもしれないと不

能力を批評する	プロセスを批評する
大失敗だね。	その方法では無理みたいだけれど、 他にはどんなやり方があるかな？
頑張ったみたいだけど、 それじゃあまだまだだね。	目標は達成できなかったけれど、何を学べた？
ピアノは向いていないんじゃないかな？	頑張って。いつか必ずできるようになるよ。
悪い子ね。	間違ったことをしちゃったね。 次はどんなふうにすればいいかな？

安になってしまうのである。頭がよくないと思われるより、確実にできることの方がよいに決まっているだろう？　ところが、教師が成功や失敗を、方法、態度や努力と結びつけることで、子供たちは、自分という存在そのものではなく、1つの出来事を評価されるだけになる――今、ここで起きたことだけが評価の対象だ。生まれもった能力や資質とは関係がないため、子供たちは、努力と成果の関連性をより明確に理解することができる。頭がよいとかよくないとか、そういう問題ではない。大切なのは、ねばり強さと学習プロセスだと分かる。

成功した場合は、能力を褒めても問題ないとドゥエックは言う[※55]。では、やむを得ず挫折してしまった場合はどうか？　成功は自分の能力に起因すると思っている人にとっては、失敗も自分の能力が原因ということになってしまう。ほとんどの人は、自分が失敗作などとは思いたくない。そのため、人は挑戦を避け、自尊心を保とうとするのである。頭のよさや完璧であることを褒められた子供は、その2つを実現できなさそうなことは避けようとする。ところが、プロセス——本人とはまったく別物——を褒められると、自己効力感は傷ついていないため、それによって、新しいことに挑戦したり、失敗や挫折から立ち直ろうとする意欲が削がれることはない。

教師が陥りがちなもう1つの落とし穴が、曖昧な褒め言葉である。私たちが何のことを言っているか分かるはずだ。よく、シールにキラキラした文字で短い称賛の言葉が書いてあるだろう：「すごいね！」「素晴らしい！」「よくやった！」「いいぞ！」などがそうだ。確かに努力を褒めてはいるものの、意味が曖昧なせいで、子供たちには大して何も伝わらない。

教育系の人気ブログ“Cult of Pedagogy”の中で、このタイプの褒め言葉が、米人気オーディション番組『アメリカン・アイドル』の審査員を務めていたポーラ・アブドゥル〔歌手。２００２年〜２００９年に審査員〕を彷彿とさせることから、それを「ポーラ節[※56]」と呼ばれていた。ポーラと同じく審査員を務めていたサイモン・コーウェル〔音楽プロデューサー。２００２年〜２０１０年に審査員〕のコメントは、フィードバックという意味ではまったく物足りないものばかりだった。「掃除機に吸い込まれた猫みたいな声だね」や「歯医者帰りのシェール〔カリフォルニア州出身の歌手〕みたい」などのサイモンの意地の悪い批評を覚えていないだろうか。彼のコメントは、どれも思いやりと有用性には欠けていたが、印象的なものが多かった。一方、ポーラのコメントは、忘れられやすいものばかりだった。「やったわね！」や「素晴らしい！」を連呼するだけで、まったく内容がないのである。ポーラは、曖昧な褒め言葉を期待している場合は頼りになったが、それ以外ではほとんど頼りにならなかった。

曖昧な褒め言葉	具体的な褒め言葉
最高！	今回の分数の課題ではよく頑張っていたね。
素晴らしい！	分かりやすい作文が書けたね。
よくできました！	ダンスの発表会、お疲れ様。 すごく頑張って練習したのが伝わってきたよ。
すごい！	よい方法だね。とても工夫された解き方だと思うよ。

このような曖昧なフィードバックの問題は、その文脈の不足である。子供たちが「何を」うまくできたかに触れていない。もし、子供たちの課題に「やったね！」のシールを貼るときは、具体的にどの取り組みがそのプロセスという意味において「やったね」なのか、短いメモを書き足すか口頭で伝えるとよいだろう。

学級で褒めたりフィードバックをするのは、教師だけではない。子供たちも、お互いに褒め合ったり、定期的に自分自身を批評したりする必要がある。子供たちが使いがちな能力を褒める言葉やフィードバックと、それらをプロセスを褒める言葉やフィードバックに変える方法を表にまとめた（次ページ参照）。

教師用のフィードバック・ステム（教師用）

フィードバック・ステムを使うことで、子供たちにプロセスを重視したフィードバックができる。

能力を褒める/フィードバックする	プロセスを褒める/フィードバックする
私は大きい桁の割り算はできない。	あなたは「まだ」長い割り算が苦手なだけ！
学級で一番頭がよいのはティーナだ。	今回のテストでティーナがよい点数を取っていたね。どうやって勉強したのか聞いてみようよ。
私にはこの問題は難しすぎる。	難しいのはよいことだよ！　学んでいる証拠だよ。

使い方：次のフィードバック・システムのコピーをとり、1つずつ切り離す。それぞれの文章に、プロセスに対する具体的なフィードバックになるよう書き足し、子供たちが提出した課題やプリントに貼る。

フィードバック・ステム（教師用）

・あなたが……………………

……………………していているのに気がついていたよ。

・……………………

……………………がすごくよくなったね。

・……………………

……………………とくらべて、とてもよくなったね。

・一生懸命……………………

……………………を頑張って偉いね。

・……………………

……………………について楽しく学べたね。

・……………………

……………………するともっとよくなるよ。

・……………………

……………………をするのに、他にも違う方法を考えてごらん。

・うまくできているね。……………………

……………………もやってみるとよいよ。

プロセスに対する称賛や批評から、子供たちがより多くの利益を得るためには、子供同士でもお互いに褒めたり、フィードバックしたりできるように教えるとよい。H先生の学級の様子を覗いてみよう。

子供同士の効果的なフィードバック（H先生の振り返りノートより）

私の幼稚園の学級では、毎日、作文や文章を書く練習を行っています。まだ文章が書けない子は、頭に浮かんだことを絵にかき、その絵をより具体的にすることに取り組みます。中でも、「私がかいて、あなたがかく」という、子供たちが私がかいたお手本をまねしてかく、という段階的な指導法が最も効果的で、子供たちのプロセスを褒めるお手本を示すよい機会にもなっています。

このとき、前向きに学ぶ姿勢（成長的マインドセット）が大切だと伝えるようにしています。新しいことに挑戦するのは難しいことも多いけれど、それに立ち向かうことで心を鍛えているんだよ、という話をします。子供たちが絵をより具体的にする作業に取り組み始めたら、教室の中を歩いて回り、プロセスを褒めたり批評したりします。個別のフィードバックをする、質問をする、やり方を教える、困っている子には手を差し伸べる……。そうすることで、また一歩、成長志向の学級に近づけます。子供たちには、次のような言葉をかけています：「頑張って。あともう少しできるよ」「他のやり方は試した？　トミーにどうやったか聞いてごらん」「この間の授業で学んだことが活かせているね！」「セレナの絵はとても詳しくかけていていいわね。頑張ってかいたのが伝わってくるわ」

そして、子供たちにパートナーを組ませるか、少人数のグループに分けます。それから、自分たちの絵や文章を見せ合い、他の子供たちに、もっとよくするための批評を積極的にもらいます。また、その前に、人の文章を見直したり有意義なフィードバックをする具体的な方法をミニレッスンで教えています。

子供たちは、まずは相手がうまくできているところについて、プロセスを褒めます。彼らがお互いにプロセスを褒める間、私たちの教室では、次のような子供たちの声を聞くことができます：「夏って分かるように詳しい絵がかけていてすごいね」「新しく習った単語を使ったんだね」「最初の文字を大文字にするのを忘れなかったのが偉いね」

次に、今度はプロセスの批評を使って、フィードバックをします。たとえば、このように言います：「まだ新しい単語のスペルを勉強している途中みたいね。actions for words〔単語とジェスチャーを結びつけて単語を覚える方法〕をやってみるのはどう？」「もっと詳しい絵にするには、他に何をかいたらいいと思う？」子供たちには、プロセスを批評する方法をきちんと教えます。子供たち用のフィードバック・ステムを与えたり、クラスメイトにフィードバックをしている最中にその場で指導したりすることで、彼らはどんどん上達します。

効果的な称賛や批評を習得するには練習する必要があります。私は、子供たちにこれらのツールについて教えたことで、成長志向の学級にすることができました。

子供たちは、意欲的に難しいことに挑戦し、クラスメイトから助けてもらいます。そして、日々クラスメイトたちに効果的なフィードバックをし、自分自身が上達する方法も考えながら、それぞれにお互いが成長できるよう助け合っています。

フィードバック・ステム（子供用）

フィードバック・ステムは、子供同士が評価し合うのにも応用することができる。これを使うことで、子供たちはお互いに有意義な、過程を重視したフィードバックを行えるようになる。

使い方：次のフィードバック・ステムのコピーをとり、1つずつ切り離す。それぞれの文章に、プロセスに対する具体的なフィードバックになるよう書き足し、子供たちが提出した課題やプリントに貼る。

褒め方を変えるというのは、簡単にできることではない。プロセスを褒める習慣を身につけるには、日々、意識的にそうする必要がある。うっかり能力を褒めそうになって、土壇場で言い換えるということも1度や2度では済まないだろう：「まあ！　なんて頭がいい……頭がいい方法で難しくても諦めずに頑張っているの。努力家ねえ！」。ふう！　習慣とは、なかなかしつこいものだ。でも、大丈夫！　練習するほど簡単になるはずだ。（今、プロセスを褒めようとしていたのが伝わっただろうか？）

フィードバック・ステム（子供用）

・あなたの作品の一番よいところは

・

のやり方を工夫したのがよいね。

・一番分かりやすいと思ったのは

・

をするともっとよくなるよ。

・一番よかったのは

・

をしたのが気づいたよ。

褒め方を変える（B先生の振り返りノートより）

成長的マインドセットを知ってからというもの、様々なところで成長的マインドセットに気づくようになりました。私のお気に入りの子連れスポットは、カンザス州トピカのウォッシュバーン大学構内にある、マルベイン・アートラボというところです。大学のアート・ギャラリーの地下にあるカラフルなスペースで、あらゆるアートの材料やレゴ、それから、子供たちにも作れる工作が用意してあります。

3歳になったばかりの娘と行ったときの話です。娘が一生懸命に絵の具で絵をかいていました。そして、通りかかったアートラボのスタッフに、自分がかいた絵を誇らしげに見せ、「私の絵、好き?」と聞いたのです。すると、そのスタッフはすかさずこう言いました：「**あなたは**その絵が好き?」娘は逆質問されたことについてしばらく考えているようでした。それから、とても嬉しそうに、絵をかくのに使った色や、その他にも様々な工夫した点について話し始めたのです。

私にとって、このやりとりは、すでに信じていたはずの成長的マインドセットの力を確信する機会となりました：建設的なフィードバックと褒め言葉は心を開かせます。たった1つの質問で、スタッフの女性は、娘を「承認を求める不安定な幼児」から「頑張ってかいた絵について、自信をもって嬉々として語る幼児」に変えたのです。彼女は、娘がした質問を言い換えることで、褒められたいという要求を深く思考する機会に変え、会話の流れをまったく違うものにしました。何日か経ってからも、このときのことを思い出し、もし彼女が「あら、素敵！」などと適当な返事をしていたら、きっと大して記憶にも残らなかっただろうな、と考えたものです。

マインドセットを学ぶ前だったら、きっと、アートラボでのやりとり——娘にとってありがたいフィードバックと成長の機会——は違った意味をもったことでしょう。下手をすると、幼い娘の絵を褒めない失礼な女性だ！　なんて恥ずかしい感想をもったかもしれません。ところが、幼少期から成長的マインドセットを培うことの大切さを知っていたおかげで、この女性スタッフに感謝することができたのです。むしろ、私の子供たちに関わる大人には、何でもかんでも褒めちぎるのではなく、今回の女性のように接してほしいとすら思いました。私は、アートラボでの体験から、どんなに幼い子供でも、プロセスへの批評や建設的なフィードバックに対して深く思考し、振り返ることができるのだと学んだのです。

プロセスを褒めることの長期的なメリット

赤ん坊、幼児や幼稚園児といった幼少期に、どうやって褒められたかによって発達の仕方が大きく変わることがある。人間の脳のシナプスは、幼少期において最も成長することが分かっている。つまり、子供たちは、将来ずっと使い続けるマインドセットや習慣をこの時期に学ぶ。

シカゴで行われた研究で、1歳の誕生日を迎えたばかりの幼児53名の、家庭での様子を4か月ごとに観察した。[※57]研究員は、幼児の家庭を訪れるたびに、保護者と子供の普段の様子を90分間ビデオに記録した。そして、2年後に全てのやりとりを文字に書き起こすと、保護者が日常的に使っていた褒め言葉を能力志向、プロセス志向、「その他」に分類した。「その他」には、「わー!」や「いいね!」といった、能力志向にもプロセス志向にも分類できない、とくに意味のない褒め言葉が含まれた。

そのさらに5年後、子供たちが小学2、3年生になった頃、彼らがどちらのマインドセットに成長したかを判定するアンケートを実施した。すると、結果は明確だった。保護者がプロセスを褒めていた子供ほど、新しいことに挑戦するなど成長的マインドセットの特徴を多く備えていたのである。

褒めるよりもっとよいこと

この章を読んで、褒め方が子供のマインドセットに影響することが分かったはずだ。褒めるときは、相手の能力とプロセスのどちらを褒めているか意識する必要がある。

ところが、ドゥエックによると、そもそも、教師も保護者も褒めすぎだという。成長的マインドセットを培うのに最もよい方法は、目標を達成した後にプロセスを褒めるのではなく、子供が目標を達成するべく励んでいる最中に一緒にいてあげることだそうだ。褒める以前に、一緒に取り組んであげられるときは、絶対にそうするべきだとドゥエックは言う。「子供の様子を観察し、質問をする。もし、独特なやり方をしていたら、そのことについて聞く。何を考えながらやっているのか、失敗から何を学んだかも聞こう」[※58]

Chapter 7

10月

計画のない目標は願い事に過ぎない

意味のある達成とは、その大きさに関係なく、
苦しみと喜びを伴うものだ。
始まりがあり、苦難があり、そして、勝利がある。
——マハトマ・ガンディー

今月の目標

- やり抜く力が成功に与える影響を理解する。
- 子供たちに、やり抜く力で偉業を成し遂げた実在した（する）人物について調べさせる。
- 達成目標と学習目標を区別する。
- 子供たちに、達成目標と学習目標を立てさせる。

マインドセットの魔法

オーブリー・スタインブリンクは、テキサス州ダラス・フォートワース地区にあるスプリングガーデン小学校で6年生に英語を教えている。成長的マインドセットという概念を知った瞬間、これは絶対に大きな転機になると感じたという。

スタインブリンクは、実に完璧なタイミングで成長的マインドセットを知ることとなった。2012年度が終わろうとしていた頃で、当時受けもっていた4年生の子供たちは、州統一試験の成績こそよかったものの、どうやら、粘り強さ、難しい問題に挑戦する、または、現状を打破したい、そういう気持ちが身についていないように感じられた。つまり、自分は子供たちの期待に十分に応えられていないのではないか、という気がしていたのである。すると、「同じ学級を5年生でも引き続き受けもつことが決まって、まるで宇宙が私の悩みを聞き入れて、もう一度チャンスを与えてくれたかのようでした」と言う。※59

彼女は、すぐに教室が成長的マインドセットゾーンになるように模様替えした。成長的マインドセットにふさわしい場所となるよう、展示するものや、飾りなどにもこだわった。さらに、毎日のベルワーク〔毎朝始業のチャイムと同時にやる決まった課題のこと〕として、子供たちにどうしても伝えたい成長的マインドセットのメッセージが込められた歌、動画や絵本を取り入れた。

すると、まもなく、子供たちによい変化が見られるようになったという。彼女が教室の中で子供たちに伝え続けてきた成長的マインドセットのメッセージが、廊下や食堂など、学校のいたるところで聞こえるようになったのだ。学校中で、チームワークのよさや子供たちが協力し合う様子、あるいは、努力する子供たちの姿が見られるようになったという。こうして、成長的マインドセットはすっかり定着したかのように思われたが、もっと大きな挑戦が彼女に訪れたのである。スタインブリンクが、困難な挑戦に直面した数人の子供たちの指導にあたっていたときのことである：子供たちは、前回の州統一試験では落第点だったため、進級するには追試を受けなければならなかったのだ。

子供たちは、「心の底から」自分たちはバカだと信じていたため、ちょっと励ますくらいではどうにもならなかったという。そこで、彼女は、彼らに神経可塑性について教えることにした。脳は筋肉と同じで鍛えられることや、ニューロンと樹状突起の結合について説明したのである。脳に関する動画を見せたり、脳の情報伝達の仕組みが分かるよう、毛糸を使ってロールプレイングまで行った。

数週後に試験の結果が出ると、これまでは懐疑的だった子供たちも、難しい試験で合格点をとれただけでなく、その過程で大きく開いていた学習ギャップをいくらか埋めることができていたことに気づいた。

その後、スタインブリンクは引き続き6年生でも同じ学級を受けもち、子供たちの成長的マインドセットを毎日育て続けた。新しい学年が始まると、脳の発達から始まり、脳の学習し、新しい情報を保存する仕組みを教えた。とくに彼女が気に入っていたのが、実際に成長的マインドセットが使われる様子が分かる動画を見せることだった。動画が終わると、子供たちに成長的マインドセットの例を挙げさせ、自分に結びつけて考えさせるのである。他にも、チームビルディング・アクティビティ〔チームワークを高めるアクティビティ〕や、頭の体操によいパズルやクイズなど、とにかく子供たちをコンフォートゾーンから引っ張り出す努力をした。そんな彼女の成長的マインドセットの指導において、とくに重要な役割をもっていたのが目標設定だ。

　子供たちは、毎日の目標、1週間の目標、単元の目標や1年間の目標を立てた。スタインブリンクは、いつも、新しい問題の解決方法を考え、苦手な分野を強化するよう子供たちに挑戦させた。すると、彼らは形成的評価を使って自分の学習状況を把握し、より上達する方法を考えることに熱中し始めたのである。

　スタインブリンクの成長的マインドセットの指導に対する子供たちの反応はものすごくよく、次第に、次のようなやりとりが聞こえるようになってきたという：「やってみなよ」「失敗したっていいじゃない」。子供たちの間には、新しいことに挑戦し、お互いに弱みをさらけ出すことで、強い仲間意識が芽生えていた。さらに、成長的マインドセットを学び、知能は生まれつきではなく努力した結果だと理解したことで、ある意味で全ての子供たちの条件が公平になったという。

スタインブリンクは、子供たちの成長的マインドセットを育てる教師の模範と言える。彼女は、教師をしながら修士号を取得するため努力していることや、5キロ走に挑戦するため大好きなランニングを頑張っていることなど、個人的な挑戦や成功した話を子供たちに対してもオープンにするなど、人生のあらゆる面で成長的マインドセットが役立つことを伝えるそうだ。「子供たちは目標を設定し、思っていた以上のことを達成し、さらに、挫折しても簡単には諦めなくなりました」とスタインブリンクは言い、「どの子供も目標志向になり、意欲にあふれ、とても幸せそうです。教師として、そんな彼らを誇らしく思います」と続けた。[※60]

彼女のおすすめの成長的マインドセットの資料を紹介しよう。

本

『愛をみつけたうさぎ　エドワード・テュレインの奇跡の旅』ケイト・ディカミロ著、子安亜弥訳（ポプラ社、2016年）
『フリーク・ザ・マイティ―勇士フリーク―』ロッドマン・フィルブリック著、斉藤健一訳（講談社、1995年）
『穴』ルイス・サッカー著、幸田敦子訳（講談社、1999年）
『クレージー・マギーの伝説』ジェリー・スピネッリ著、菊島伊久栄訳（偕成社、1993年）
『イリアス』〈上〉〈下〉ホメロス著、松平千秋訳（パリスとヘクトルの物語の箇所）（岩波書店、1992年）

『マチルダは小さな大天才』ロアルド・ダール著、宮下嶺夫訳（評論社、2005年）
『少年』ロアルド・ダール著、永井淳訳（早川書房、1989年）
『思い出のマーシュフィールド』ラルフ・フレッチャー著、はらるい訳（文研出版、2010年）
『挑戦せずにあきらめることはできない―マイケル・ジョーダンのメッセージ―』マイケル・ジョーダン著、楠木成文訳（ソニー・マガジンズ、1995年）

歌

映画『RENT／レント』劇中歌（どれでも）
"Imagine"（ジョン・レノン）
"Human"（クリスティーナ・ペリー）
"Conqueror"（2015年の米テレビドラマシリーズ『エンパイア』キャストたち）
"Titanium"（マディリン・ベイリー）
"Try Everything"（シャキーラ）
"Eyes Open"（テイラー・スウィフト）
"Fight Song"（レイチェル・プラッテン）
"Lessons Learned"（キャリー・アンダーウッド）

動画

"Failure"（マイケル・ジョーダン出演のナイキのテレビコマーシャル）
映画『幸せのちから』（就職面接のシーン）
映画『ケイティ・ペリーのパート・オブ・ミー』（フィルムクリップ"Never Give Up"）
『成功のカギは、やり抜く力』（TED、アンジェラ・ダックワース、２０１３年4月）
"23 vs 29"（マイケル・ジョーダン出演のゲータレードのテレビコマーシャル）
『ＰＥＡＮＵＴＳ　スヌーピー』（どのエピソードでもよい）

絵本

"*Wilma Unlimited*: How Wilma Rudolph Became the World's Fastest Woman" by Kathleen Krull（HMH Books for Young Readers, 2000）
"*Stand Tall, Molly Lou Melon*" by Patty Lovell（G.P. Putnam's Sons Books for Young Readers, 2001）
"*Malala Yousfzai*: Warrior with Words" by Karen Leggett Abouraya（Lightning Source Inc, 2014）
『みんなからみえないブライアン』トルーディ・ラドウィッグ著、さくまゆみこ訳（くもん出版、２０１５年）
『ありがとう、フォルカーせんせい』パトリシア・ポラッコ著、香咲弥須子訳（岩崎書店、

２００1年）
『きみの行く道』ドクター・スース著、伊藤比呂美訳（河出書房新社、１９９9年）
『キツネ』マーガレット・ワイルド著、寺岡襄訳（BL出版、２００1年）

詩

"Never Enough" by Marina Lang
"Believe" by Tera Lee Jubinville
"Perseverance" by Pattra Shuwaswat
"Champion" by Justin Sorenson
"Courage" by Wish Belkin

やり抜く

スタインブリンクの話からも分かるように、目標設定は成長的マインドセットを使って挑戦を乗り越える上での重要な要素である。何をしたいのか、そして、それをどうやって達成するかを明確に考えておかなければ、人はすぐに固定的マインドセットに戻ってしまう。また、やり抜く力という概念も、知能は努力すれば高められると考える成長的マインドセットに深く関連している。まずは、やり抜く力について理解し、それから、子供たちのやり抜く力を育てる目標設定の方法について話そう。

『天才！ 成功する人々の法則』で著者のマルコム・グラッドウェルは「一万時間の法則[※61]」という法則を紹介し、その中で、心理学者のアンダース・エリクソンが、ドイツのベルリンにある、最高峰の音楽家の卵たちが集う名門音楽大学に通うバイオリニストたちを対象に行った研究について書いている。エリクソンは、世界レベルの音楽家になり得る学生たちと、その学生たちほどではない普通に優秀な学生たちとの差は練習量であるとして、それぞれの練習時間を計算した。すると、天才バイオリニストの学生たちは、20歳までに1万時間も練習していたのに対し、「優秀」なバイオリニストの学生たちの練習時間は8千時間だったことが判明したのである。そして、ピアニストの学生たちについても同じように調べたところ、やはり同様の結論が出た。とうとうエリクソンには、いわゆる（生まれもっての）「天才」がいることを証明するものは何一つとして見つけることができなかった――なぜなら、クラス一優秀だと言われている学生で1万時間練習してこなかった者はいなかったし、反対に、1万時間練習した者で、ただの「優秀」でとどまる学生は存在しなかったのである。

ペンシルベニア大学で心理学教授を務める、元中学・高校の数学教師のアンジェラ・ダックワースと、やり抜く力について広範な研究を行ってきたマクアーサー・フェロー（やり抜く力とは、すなわち「長期的な目標に対する粘り強さと情熱」だと彼女は主張している）も、グラッドウェルの「一万時間の法則」による計画的な練習が成功に結びつく説に賛同している。先日、ダックワースはエリクソンと共同で"Deliberate Practice Spells Success: Why Grittier Competitors Triumph at the National Spelling Bee"[※62]（「計画的訓練は成功をもたらす―綴り字の全国大会でより意思力のある参加者が勝利する理由―」）という論文を発表した。その中で、スペリング・ビー〔単語の綴りの正確さを競う大会〕の全国大会で勝敗を分けたのは、計画的な練習（とくに現段階の自分において少し難しい単語を集中的に練習し、暗記するなど）にあてた時間の長さだったと書いている。どの子供も、模擬大会や友人や保護者と一緒に勉強するよりつまらないと言いながら、それでもなお長時間を計画的な練習にあてていた。それはなぜか？　ダックワースは、これこそがやり抜く力だと言う。

『超一流になるのは才能か努力か？』でエリクソンは、誰にでも計画的な練習をすることで自身の可能性を伸ばすことができ、その分野のスキルや才能がどこまで高められるかは最初から決まっているという考えは間違いだと書いている。[※63]つまり、可能性は限られていると信じるのではなく、学習と練習の積み重ねでいくらでも伸ばせるものとして捉えるべきだという。

計画的な練習は、一万時間の法則よりずっと小さなことにも使える。たとえば、ジャグリングを習得したい、ジョークを考える、二次方程式の問題を解けるようになりたいなどのささいなタスクでもよい。エリクソンは、先日、ポッドキャストの"Freakonomics"という番組の中で受けたインタビューで、教え子であるフロリダ州立大学の大学院生たちが、一万時間の法則を従来より小さな規模で実験したことについて語った。大学院生たちは、パソコンのタイピングや逆立ちを習得（または上達）するため計画的な練習を10時間行ったという。[※64]

アメリカの教師たちには、子供たちに特定の技術を習得させるための個人指導を行う余裕はないかもしれない。一方で、計画的に練習し、熱心に取り組むことで大きな成果が得られることを信じさせることはできるはずだ。日々、教室というミクロレベルで、計画的な練習と学習課題に一生懸命取り組むことで上達できると示すことができる。

やり抜く力を売り込もう

成功に必要なのは、天性の才能ではなく、計画的な練習に多くの時間を費やすことだとする考えは、成長的マインドセットを育んでいる子供たちにとって重要だ。どの分野でも、トップになるには計画的な練習（そして、ある程度の失敗も）が必要な場合がほとんどだということを子供たちに教えられれば、成長的マインドセットが成功するための現実的な方法だということがより伝わる。

練習、訓練や苦労がどのように成功に結びつくかを子供たちに考えさせるため、やり抜く力で成功した有名な人たちをテーマに、「やり抜く力」を売り込むコマーシャルを作らせよう。

まずは、マイケル・ジョーダンが出演した『それが成功した理由だ』というナイキのテレビコマーシャルを見せるとよい（YouTubeで見られる）。このコマーシャルでは、次のようなジョーダンのナレーションが入っている：

「9000回シュートを外してきた。300回試合に負けた。試合の最後のシュートは26回落とした。いつも失敗を繰り返してきたんだ。でも、それが成功した理由だ」。

コマーシャルを見終わったら、子供たちにテーマを決めさせ、忍耐力ややり抜く力の概念を描いたコマーシャルを作らせよう。まずは、何らかの分野でトップに立つ（あるいは立っていた）有名人を選んでもらう。ディズニーチャンネルで流行している若い有名人の名前が挙がるかもしれないが、その場合は、その道を本当に極めた人物に変えてもらおう。次に、その人物について調べ、「やり抜く力」のコマーシャルを作らせる。その人物が成功するまでにかかった期間、受けた教育、成功する過程における失敗や挫折、さらに、どんなふうに上達し続けているかというような内容にするとよい。以下に、やり抜く力を発揮した有名人――その道でトップを極めるため、誰よりも努力をした「やり抜いた」人たち――のリストを作ったので、参考にしてもらいたい。

・J・K・ローリング、作家
・マイケル・ジョーダン、バスケットボール選手
・コービー・ブライアント、バスケットボール選手

・ヴォルフガング・アマデウス・モーツァルト、作曲家
・ウィル・スミス、俳優
・メリル・ストリープ、女優
・パブロ・ピカソ、芸術家
・ウォルト・ディズニー、ディズニー創立者
・ヘンリー・フォード、フォード・モーター創設者
・本田宗一郎、本田技研工業創業者
・ビル・ゲイツ、マイクロソフト創業者
・ハーランド・デーヴィッド・サンダース（別名、カーネル・サンダース）、ケンタッキーフライドチキン（ＫＦＣ）創業者
・ライト兄弟、航空の先駆者
・スティービー・ワンダー、歌手
・ジム・キャリー、俳優
・スティーブン・スピルバーグ、映画監督
・トーマス・エジソン、発明家
・オプラ・ウィンフリー、メディア界の大御所
・エイブラハム・リンカーン、アメリカ合衆国大統領

・ビル・ジョイ、コンピューター科学者
・タイラー・ペリー、俳優／映画監督
・ティム・ウェスターグレン、Pandora創業者

子供たちは、コマーシャルの制作にあたり、どの機器、ソフトウェアやアプリを使用してもよい。Green Screen by Do Inkアプリ、iMovieアプリ、ストップモーションスタジオ、Adobe Voiceアプリ、iPhoneやiPadのカメラ、ビデオカメラ、PicPlayPostアプリ、Magistoアプリ、インスタグラムの動画機能（60秒まで）やAndromediaビデオエディタあたりがよいだろう。

リストの有名人たちは、天性の才能に恵まれ、簡単に成功したのだと勘違いしている人たちがいる。実際、世間の多くの人たちは、天才と呼ばれる人たちに存在してほしいのだ。子供たちは、コマーシャルのテーマに選んだ有名人が、その道を極めるために、いかに地道に努力し、苦労や失敗を重ね、さらに、どんなに時間がかかったかを調べるうちに、成功するためには長期的な目標に向かって諦めずに頑張らなければならないことに気づくだろう。この課題を通して子供たちに理解してもらいたいのは、誰も簡単に何かを成し遂げることはできないということだ。もし、何らかの優れた才能をもっている人がいたとしても、その人だって、本当の意味で成功するには、何千時間も努力しなければならないのである。成功は、生まれつきの才能ではなく、努力の賜物であるということを、子供たちがずっと忘れずにいてくれるとよい。それ

が理解できていれば、この先も忍耐力とやり抜く力で成功していけるだろう。

達成目標VS学習目標

『モチベーション3・0 持続する「やる気!」をいかに引き出すか』の著者、ダニエル・ピンクは、ドゥエックの2つのマインドセットの違いについて次のように書いている:「2種類の持論は、2つのまったく異なる道に分かれる――片方は達成、そしてもう片方は未達成だ。たとえば、目標について考えてみる。ドゥエックは、目標には2種類あると言う――達成目標と学習目標だ。たとえば、フランス語の授業でAをとるのは達成目標で、フランス語を話せるようになるのは学習目標である[※65]」

成功した人たちは、どちらの目標を立てていたのだろう? ドゥエックによると、人はどちらの目標も立てるが、学習目標だけがその人を成功に導くことができるという。彼女は、科学の授業で新しいことを学ぶ中学生たちを対象に研究を行った。まず、生徒たちに新しく学ぶことについて目標を立てさせ、その目標を達成目標(生徒が頭がよく見えるための目標)と学習目標(達成度に関係なく、生徒が学べるための目標)に分類した。

ドゥエックは、もう1冊の著書 "Self-Theories: Their Role in Motivation, Personality, and

Development" の中で、この中学生たちを対象に行った研究の結果、より深く学び難しい問題にも挑戦していたのは、学習目標を設定した生徒たちだった、と書いている。[※66]

事前テストでは、達成志向と学習志向のどちらの目標を設定した生徒も、数学の知識に大きな差はなく、新しく習った内容の理解度もほぼ同程度だった。ところが、その習ったばかりの内容を応用、発展させることが求められる新しい問題が出題されると、学習目標を立てた生徒の方が確実に成績がよかったのである。彼らは、達成志向の目標を立てた生徒たちにくらべ、問題を解くために様々なことを試していたことが分かった。中でも、じっくりと考えなければならない問題では、50パーセント以上多く問題を解くための過程を書き込んでいた。[※67]

さらに、「学級の目標構造」の研究も行われ、生徒たちが学習目標と達成目標のどちらを設定しているかを学級の環境から推測しようとした。TARGET構造とは、教育心理学者のキャロル・エイムスによって考案された、達成志向あるいは学習志向の目標設定に影響を与えるとされる学級の構造のことだ。この理論では、学級の目標構造がどちらの志向の目標設定になるかに影響するとされる、Task（課題）、Authority（権限）、Recognition（承認）、Grouping（グルーピング）、Evaluation（評価）、Time（時間）の6つの構造に注目している。[※68] 次のタイプが異なる学級についてまとめた表を見て、あなたの学級はどれに当てはまるか考えてみよう。

構造	内容	達成志向の学級	学習志向の学級
Task （課題）	子供たちが取り組む学習課題の種類や課題の難易度や価値	簡単な課題が目立ち、遂行課題が多い（例:算数での丸暗記など）。子供一人一人に合わせた課題はなく、子供たちの学習意欲は低い。	挑戦的な課題であり、公正かつ多様な学習プロセスやプロダクトが認められている。そのため、子供たちは興味をもちやすく、課題の意義や重要性を理解している。
Authority （権限）	子供たちの学級における意思決定者、学習の主導者や教室のリーダーとしての役割	教師が課題のやり方を指示する。子供たちの出番はほとんどなく、教師が学級のリーダーを務めている。	学習は子供たちが主導し、学習課題に関する意思決定も任される。子供たちは、自分たちで学習を主導する権限を与えられる。
Recognition （承認）	子供たちがなぜ、どのようにして承認されるか	子供たちには、完璧な作品、規則を守ることや時間内に課題を提出することが奨励され、評価される。難しいことに挑戦したり、独創的な方法を試したりすることは推奨されていない。	子供たちには、努力する、スキルを磨く、学習目標の達成などが奨励され、評価される。難しいことに挑戦したり、独創的な方法を試したりすることが推奨されている。
Grouping （グルーピング）	共同学習時に子供たちがどのようにグループ分けされるか	能力やその他の基準に応じてグループ分けする。表面上は協力し合っているようにみえるが、グループ同士、あるいはグループ内で競争が起こっている。	学習スタイル、取り組み方、レベルや哲学が異なる子供たちを同じグループに入れ、協力し合うことが求められる。
Evaluation （評価）	教師が子供たちの作業プロセスやプロダクトを評価する方法	評価は公平ではない。学級全員の前で、主に協調性があったかどうかが評価される。	プライバシーを守れる場所で一人一人に評価を行う。個々の上達度や熟達度が評価対象となる。
Time （時間）	教師の教室での時間の使い方やそれぞれの課題に与えられる時間	期限厳守が求められ、当初の予定からほぼずれることが許されない。子供たちの学習レベルやペースに応じて提出期限を変えることはなく、熟達度よりスピードと効率が重視される。	子供たちは自分のペースで作業することが認められている。ギャップを埋め、強化や修正に時間が必要な場合は柔軟に対応する。スピードより熟達度が重視される。

あなたの学級は達成志向と学習志向のどちらに当てはまっただろう？　教師が学ぶことより完璧さや正確さを重視するメッセージを送ると、子供たちはその期待に応えようとするだろう。ところが、ドゥエックの中学生たちを対象に行った研究結果からも分かるように、本当の意味での熟達――結論を導き出し、複数の知識を結びつけ、新しいスキルや概念と結びつける――を重視する学習目標を立てた生徒たちの方が知識があることを見せたい生徒たちにくらべ、より豊かな学習体験となるのである。学級の目標構造は、子供たちの目標志向にも大きな影響を及ぼすのだ。

達成志向の学級では、子供たちは知能の高さによってランクづけされ、お互いに比較し合うことが奨励されている。教師は数人の「賢い」子供たちばかりに目をかけ、子供たちの学習意欲を高めるために、一人一人に合う学習計画を立てようとしたり、異なる学習スタイルに適応したりするために、様々な学び方を提供するといった努力はしない。反対に、学習志向の学級の教師は、失敗は大切な教育のツールだと考え、課題を完璧にこなすよりも努力を重視する。また、達成志向の学級では、平等さ（同じ課題、同じ期限、同じ成果、同じ期待）を大切にしているのに対し、成長志向の学級では、公正さ（創造性のある一人一人の子供に合わせた課題、柔軟な期限設定、様々な学習スタイルの適応、全ての子供たちを公正に扱う）を大切にしている。

100件以上にも及ぶ子供たちの学習意欲に関する研究をメタ分析した結果、ロンドン大学のクリス・ワトキンズによると、達成志向と学習志向はどちらも学習意欲をかき立て、成績がよい子供たちは両方の志向をもっていたが、達成度を重視していた子供たちは「成績があまりよくなく、深い思考をしておらず、さらに、失敗を乗り越えるのにより時間がかかっていた」と言う。[※69]

学級環境と校風が子供たちの目標志向に大きく影響し、その目標志向が彼らの学習レベルに重大なインパクトを与えることが分かった。成長的マインドセットの学級は、TARGETに表される学習志向の構造をもっている。また、練習や訓練に1万時間を費やした活躍している人たちは、達成目標ではなく、学習目標をもっていた。学習目標は、やり抜く力を鍛え、忍耐強く学ぶことを子供たちに教えるのに対し、達成目標は、個々のタスクに対する知能や能力を重視する傾向がある。

学習において、子供たちは必ず自身の達成目標と学習目標を設定しなければならない。とはいえ、大切なのはそれぞれの目標のタイプを区別し、片方は短期的な理解と成績に役立ち、もう片方は本当の意味での熟達に導いてくれると理解することだ。

子供たちと達成目標について考える　レッスンプラン

レッスンの目的

このレッスンの終わりまでに子供たちができるようになること：

・学習目標と達成目標を区別する

・学習目標と達成目標を設定する

必要なもの

・インデックスカード

・ルーズリーフ

・ホワイトボード

・マーカーペン

やり方

子供たちにインデックスカードを配り、自分たちにとっての「目標」の意味を書かせる。それができたら、パートナーを組み、お互いに考えを共有し、意見をまとめさせる。次に、それぞれのペアに2人が思う目標の意味を発表させ、その中で気になったキーワードやキーフレーズをホワイトボードかルーズリーフに書く。

声かけ：「目標には達成目標と学習目標の2種類があります」と言って、それぞれの目標の定義を説明する。

達成目標：課題を達成することが最大の目標となり、内容の理解、スキルや能力、さらには、習得したスキルや達成した課題は他の人たちと比較した上で評価される。

学習目標：学ぶこと自体が目標となり、とくに、習得したスキルや概念を次の学習内容や挑戦の理解や応用に活用できるかが重視される。

子供たちに、先ほどのキーワードやキーフレーズがどちらの目標に当てはまるか考えさせ、学習目標に分けられるものは緑、達成目標に分けられるものは赤の丸で囲ませる。例となるフレーズが書かれた表を見せ、子供たちにそれぞれについて学習目標と達成目標に分類させる。

	学習目標	達成目標
数学の期末テストでAをとる。		✔
スペイン語が話せるようになる。	✔	
サッカーの試合で3点入れる。		✔
チェスができるようになる。	✔	
州統一試験で優秀な成績をとる。		✔
理科の実験に科学の知識を応用する。	✔	

声かけ：「学習目標がみんなの学習を重視しているのに対して、達成目標はみんなができることを証明することやしてみせることを重視しているのが分かるでしょう。研究によると、どちらの目標も成績を上げるのに役立ちますが、学習目標の方が、学習内容をより深く理解したり、この先難しい問題に出合ったときに学んだことを、新しいやり方や独創的な方法で応用するための能力を高めてくれるそうです。

そこで、こんなふうに考えてみましょう：達成目標は短期的な成功に役立つけれど、学習目標は長期的な学習と成功につながる。

それでは、達成目標と学習目標をＳＭＡＲＴ目標の仕組みで表してみましょう」

子供たちに、ＳＭＡＲＴ目標の仕組みで達成目標と学習目標を書かせる。それができたら少人数のグループに分け、それぞれが書いた目標について読み、話し合わせる。子供たちは、お互いの目標がきちんと達成目標と学習目標になるよう、フィードバックを行う。

理解の確認

子供たちが達成目標と学習目標についてしっかり理解したかどうか確認する。子供たちは、どちらの目標も取っておき、ときどき進捗状況を確認する。

苦難を乗り越える

マハトマ・ガンディーは、全ての価値ある成功は「始まりがあり、苦難があり、そして、勝利がある」と言った。子供たちは、明確な目標を定め、成功への道を歩み始める。その途中には、覚悟ややり抜く力を発揮しなければならない場面もあるだろう。ただし、挑戦に立ち向かうことと、それを乗り越えるのに必要なツールを持っているかどうかは別だ。

次の章では、成功するまでに立ちはだかる困難や失敗、挫折を乗り越える方法について説明する。

Chapter 8

11月

失敗は学ぶ機会だ

別のところへ行こうとして本来進むべき道に気づくということが、
これまでに何度あっただろう。
——バックミンスター・フラー

今月の目標

・失敗を通して指導する方法を学ぶ。
・失敗に優しい教え方を学ぶ。

天才という神話

アメリカの文化では、アルベルト・アインシュタインといえば「天才」と同義だ。難解なパズルや問題を解いた人に対して「さすがアインシュタイン！」と言ったことはないだろうか。ところが、アインシュタイン自身は天才と呼ばれるたびに否定し、次のように言ったという：

「私に特別な才能などない。ただ、好奇心が旺盛なだけだ」
「私は賢いのではなく、問題に取り組む時間が人より長いだけだ」

アインシュタインの両親は、彼が話し始めるのが遅いことを医者に相談していたというが、文字を読めるようになるのも遅かったという。さらに、アインシュタインは1度目の大学入試は失敗している。[※70] 確かに、数学や問題解決に関しては他の人より多少は鋭いところがあったのかもしれないが、物理の世界でいくつもの偉業を成し遂げることができたのは、天性の才能ではなく、揺るぎない意志の強さであったと彼は言っただろう――つまり、私たちが呼ぶところの成長的マインドセットである。アインシュタインは、うまくできないことがあると、何度でも挑戦したという。彼が失敗について語った言葉をいくつか紹介したい：

「失敗は成功のもと」
「失敗したことがない人とは、新しい挑戦をしたことがない人のことである」
「唯一絶対に失敗しない方法は、新しいアイディアをもたないことだ」

私たちの考える天才の生き方と、天才として知られるアインシュタインの生き方は対照的とさえ言える。アインシュタインは、自分の知能に甘えるのではなく、間違いや失敗を学ぶチャンスとして称《たた》えたという。死後、彼の脳はこれからの研究のために保存され[※71]、それによると、アインシュタインの脳は普通の人の脳とくらべ、ニューロンの数が多く、音楽の能力に関する分野が著しく発達していたとはいえ、彼の知力の高さには先天的と後天的の両方の要素が影響していたと考えられるそうだ。人類学者のディーン・フォークは、確かに、アインシュタインの数々の偉業には生まれつき普通ではない脳も関係していたかもしれないが、それは環境的要因についても同じだという。アインシュタインは、学ぶことに対してとても根気強かったこと、挫折や挑戦に直面しても諦めなかったことでも知られている。また、彼が物理学の世界に現れたのは、比較的新しい分野が見つかる時期でもあったという。そのため、フォークは次のように言っている。

「彼は適切な脳をもって、適切な場所に、適切なタイミングで現れた[※72]」

アインシュタインの両親は、自分たちの息子——言葉が遅く、学校の先生たちからは「頭が鈍い」と思われていた子——が、世界中から天才物理学者と称賛されるなどと想像しただろうか？　実は、そう信じていた可能性は高いのだ。なぜなら、アインシュタインの科学と数学に対する情熱を理解し、自立心を芽生えさせ、好奇心を育てたのは、他ならぬ彼の両親だったからである。

学びはきれい事ではない

アインシュタインは変わっていたため、友達もなかなかできず、学校の教師たちからは反抗的で無能な子供だと思われていた。もし、彼が固定的マインドセットの子供だったとしたら、自分はみんなが言うように無能な人間だと思ったかもしれない。ところが、アインシュタインは成長的マインドセットで失敗や挫折を乗り越え、さらには、かつてない科学の高みを目指して前進し続けたのである。また、アインシュタインは、狂気を「何度も何度も同じことを繰り返し、違う結果を望むこと」と表現した。固定的マインドセットの人は、失敗をしても、その原因となったやり方や態度を改めようとしないか、失敗したこと自体を認めようとしないことが多い。挑戦を避け、コンフォートゾーンから出ようとしない——人から頭がよくないと思われることをしないかわりに、新しい、これまでにない結果を出すこともできないのである。反対に、成長的マインドセットの人は、よりよい結果を求め、前向きに新しい方法を探すという特徴がある。

学習プロセスに失敗や挫折はつきものだ。ときには、先入観や環境的な問題が邪魔をすることもあるだろう。現実には、20人の異なる子供たち、20の異なる脳、20の異なる視点が集まった教室で学びを提供するということは、厄介なことが多く、騒がしく、何が起こるか予測できない。もし変わらないことがあるとすれば、それは、子供たちは必ず失敗するということだ。ただし、そのときにどう手を差し伸べればよいか考えておくことならできる。ここで、失敗を活かす方法を3つのステップに分けて紹介しよう：

1. **失敗を当たり前のこととする。**
2. **失敗を学ぶチャンスとして重んじる。**
3. **子供たちに挫折を乗り越えられるよう指導する。**

失敗を当たり前のこととする。　年度始めに、誰にでも失敗はあるし、失敗をするから学ぶのだということを子供たちに伝える。そして、子供たちと一緒に「ミステイクランゲージ」をつくる。たとえば、学べそうな失敗が起きたら、教師も子供たちも「ナイスミステイク！」と言う。または、教師が「ミステイクの種」を尋ね、子供たちにメタ認知、つまり自分たちの思考について考えさせる。もしくは、子供たちを「ミステイク修理屋さん」と呼ぶ教師もいた。故障（失敗）が起きたら、修理屋さんたちはフード（子供たちの頭）を開けて、どこで間違ったかを探り当て、修理の方法を考えるというやり方である。失敗の対処法を決めておけば、習慣にすることができ、恥ずかしいことや珍しいことではなくなるはずだ。実際に、失敗はありふれているし、わざと失敗してもよいくらいなのだ！

　失敗が立派な発明や驚きの大成功につながった話は世界中にあふれている。そういった話を朝のベルワークの時間や作文の課題、あるいは単純に子供たちにやる気を出させるきっかけとして取り入れることで、努力には失敗がつきものだという考えを定着させることができる。

『ハリー・ポッター』シリーズで有名な作家のＪ・Ｋ・ローリングは、何かが起きる前から失敗を恐れていたという。彼女は、あの有名な魔法使いの見習いたちの物語で大ヒットを収めるまでに、お金で苦労したり、結婚に失敗したり、また、仕事を断られるなど、いくつもの挫折を味わったが、不思議にも、そうした失敗の連続によって成功するのとはまったく別の意味で駆り立てられたという。

「なぜ失敗のメリットについて語るのかって？　それは単純に、失敗は必要ないものを全て削いでくれるからよ。私は自分を偽ることをやめて、自分にとって一番大切な作品を終わらせることだけに全てのエネルギーを注ぐことにしたの」とローリングは言い、後になって考えると、プライベートでの失敗も、仕事での失敗も、どちらも彼女への贈り物だったという。なぜなら、一度失敗を経験し、乗り越えてしまえば、もうそれ以上失敗に怯える必要はないからだそうだ。[※73]子供たちが、失敗は隠したり恐れたりするものではなく、学ぶのには重要で当たり前の経験だと理解するためにも、学校ではどんどん失敗するべきだ。

失敗を学ぶチャンスとして重んじる。失敗を当たり前にする鍵は、それを学ぶチャンスに変えるということだ。教育指導法についての動画の宝庫であるTeaching Channelというウェブサイト（https://www.teachingchannel.org）で人気の動画に『マイ・フェイバリット・ノー（一番お気に入りのノー）』がある。この動画では、中学校で数学を教えるリア・アルクラが、実際に彼女が生徒たちに失敗の大切さを教える方法を紹介している。

授業が始まると、アルクラはホワイトボードに算数の問題を書き、生徒たちに答えを書くためのインデックスカードを配る。そして、答えを集めるとすぐにイエスの山（答えが正解のもの）とノーの山（答えが間違っているもの）に分ける。

「ノーの山から、私が一番気に入った不正解の答え、つまりは『マイ・フェイバリット・ノー』を探し、それを学級全員で分析します」とアルクラは言う。[※74]

ここで彼女がいう「マイ・フェイバリット・ノー」とは、ある程度は正しくできているのに、不正解となってしまった答えのことだ。それをプロジェクターに映し出し、生徒たちにその答えの「よく考えられているところ」を聞く。しばらく話し合ったら、最後に間違っているところを聞く。アルクラの学級では、間違ってもペナルティーはなく、正解にする方法を学級で話し合うきっかけとして使っている。とはいえ、不正解なら何でもよいわけではない。焦って問題を解いたため起きるケアレスミスは、急いでやると間違いやすいという意味でしかないのである。あくまでもアルクラは、学ぶ価値がある不正解に注目しているのである。

子供たちに挫折を乗り越えられるよう指導する。 子供たちが学習でつまずいたときこそ、それを乗り越えるよう指導するよいチャンスだ。いくつか決まった方法があると便利だろう。大切なのは、あなたが問題を解決してしまわないことだ。失敗から学ぶには、子供自身が解決しなければならない。表のとおり、いくつかよい方法を紹介しよう：

方法	やり方
3人に聞いてダメなら先生に聞く	つまずいたら、子供たちはまず3人のクラスメイトに相談しなければならない。そうすることで、子供同士で協力し合って問題を解決する、または、メタ認知を使って失敗や間違いについて考えるよい機会になる。
正解が決まっていない質問をする	問題が解けなくて困っている子供たちにとってヒントになりそうな、正解が決まっていない質問をいくつか考えておく。たとえば、「どうしてこうなったんだと思う?」や「他にどういう方法があるかな?」や「次また同じ失敗をしないためにはどうすればいいと思う?」などがよい。子供たちには、失敗した原因と、それを直す方法を考えさせる。重要なのは、学級が静まることに慣れることだ。質問をした後、子供たちが考える時間を設ける。なかなか誰も発言してくれないと、つい正解を言ってしまいたくなるが、我慢しよう!
振り返りノート	子供たちに学習内容を振り返る時間を設ける。うまくできたことやできなかったことを文章にさせることで、一度立ち止まって学習内容について考える機会ができる。その過程で何か新しい発見があるかもしれない。
振り返りアクティビティ	学ぶ前に、つまずきそうなところを予測する。概念やスキル、タスクのどのあたりで問題が起こりそうかを事前に考えることで、失敗への心構えができる。この方法は、あなたが子供たちが間違うことを前提としていることを彼らに伝える点で、失敗を当たり前とするのにも役に立つだろう。
失敗を学習に取り入れる	素晴らしい失敗――やり方は当たっているのに、正解を出せていない――を見つけたらすぐに利用しよう! 「マイ・フェイバリット・ノー」のように、正しいやり方がなぜ間違った方向へ行ってしまったかのよい例を示せる。子供たちに、どこで間違ってしまったか、また、どうすれば正解にできるか聞く。そうすることで、失敗を当たり前のこととし、問題について考えるときに大切なメタ認知の方法を教えることができる。

有名な失敗　レッスンプラン

レッスンの目的

このレッスンの終わりまでに子供たちができるようになること：

・有名な失敗を調べ、レポートにまとめる。

・失敗の価値を理解する。

必要なもの

・パソコン

・インターネット環境

・紙

・筆記用具

・ポスター用紙

・マーカーペン

授業の進め方

声かけ：「電子レンジ、ポテトチップス、小麦粉粘土の共通点は何でしょう？」（子供たちの反応を待つ）。

声かけ：「どれも面白い考えね。正解は、電子レンジ、ポテトチップス、小麦粉粘土はどれも偶然に生まれたということです。驚いたでしょう？　3つとも、失敗によって生まれたのよ。小麦粉粘土のPlay-Dohは、Kutol Products〔アメリカのハンドソープなどを扱う会社〕が、まだ石炭ストーブが一般的だった頃に、壁のすす汚れを落とすために開発した柔らかい素材が始まりでした。その後、だんだんと家庭で石炭が使われなくなると、会社は倒産寸前まで追い込まれてしまったのです。ところが、オーナーは、教師をしていた自分の身内がその素材を使って子供たちに粘土遊びをさせていることを知ります。その翌年には、Kutol ProductsはRainbow Craftsと名前も改め、子供たちのおもちゃとして小麦粉粘土を作るようになったのです。私たちも、勉強をしていると間違えてしまったり、たまたま別のやり方を見つけることがあるでしょう。それが学ぶチャンスになるかもしれません！　みんなは、失敗が脳の成長を助けることはもう知っていますね。でも、それだけでなく、失敗は私たちのものの見方も変えるのです。

今日は、インターネットを使って、偶然や失敗によってできた身近なものについて調べたいと思います。テーマをあげるので（自分で選んでもよい）、調べて、失敗の調査シー

素晴らしい失敗のリスト

ポテトチップス	瞬間接着剤	アイスキャンディー
電子レンジ	付箋紙	チョコレートチップクッキー
レントゲン画像	シリーパティー〔アメリカのシリコンゴム製のおもちゃ〕	マジックテープ
プラスチック	ペニシリン	アイスクリームコーン
テフロン	修正液	フリスビー
人工甘味料	スリンキー〔アメリカのバネのおもちゃ〕	

トを完成させましょう。それができたら、調べた内容をまとめて、失敗の大切さを伝えるポスターを作ります」

一人ずつ、あるいはグループごとに上のリストからテーマを選んでもらう。インターネットで調べるときの決まった手順がある場合はそれを使い、なければGoogle検索の仕方を教える。

「――は失敗によって発明された」や「――は偶然から生まれた」で検索すれば、十分にヒットするはずだ。このとき、必ず信頼性が高いサイトかどうか確認させることを忘れないように！

調べている途中でも終わってからでもよいので、子供たちに次の質問をする。

1. 商品はどんな失敗から生まれた？
2. 今、その商品はどんなふうに使われている？

3．この失敗について学んだことで、失敗や挑戦に対する気持ちはどんなふうに変わった？

子供たちに、その商品がどんな間違いから生まれたか、また、それがどのように社会に役立っているかについて、ポスター（他の方法で発表してもよい）にまとめさせる。

理解の確認

発表を見て、子供たちが失敗や失敗の価値を正しく理解し、表現できているか評価する。

失敗のその先へ：まだゲームオーバーじゃない

テレビゲームに熱狂する子供たちを見ていると、どの子供も、いくら失敗しても諦めずに最後まで頑張れそうだと思わないだろうか。ところが、ゲームならレベルをクリアするまで何時間でも粘る子が、学校では小さな失敗をしただけですぐに諦めてしまうのである。

マインドセット研究者のリサ・ブラックウェルは次のように言う。「子供たちは、テレビゲームだとポイントを稼ぐのが動機づけとなって、失敗してもへこたれません。ゲームには、スキル、挑戦や段階的に上達することが求められますが、取り返しのつかない失敗や他人からの批判に怯える必要はありません[※75]」。この「取り返しのつかない失敗」は、何度でもチャンスを与えられるテレビゲームでは起こり得ない。むしろ、失敗を重ねるごとに上達し、完璧に近づくからだ。教師たちが、ゲーム産業——子供を惹きつける達人——から、子供たちがテレビゲームに対するのと同じ粘り強さを教室でも発揮できるためのヒントを得ることができるはずだ。ゲームからヒントを得て考えられた方法をいくつか紹介しよう：

1．お手本を見せる。 テレビゲームで遊んでいてレベルのクリアの仕方が分からないときは、YouTubeを見ればすぐに分かる。絶対に、誰かが（もしくは、複数人が）手取り足取りレベルをクリアする方法をアップロードしている。それと同じように、子供たちに課題を与えるときは、どんなふうに仕上げてほしいのかお手本を示すべきだ。ルーブリック、過去の子供たちの作品や教材を使って、どんな作品にしてほしいか明確に伝えることができる。

2. 脅かさない。 ゲームでは、どれだけ努力したかが名誉の証となる――「5時間連続であのレベルをやったんだぜ！」というふうに。同じように、何らかの概念やスキルを身につけるのに努力したことも称賛されるべきだ。保護者や教師は、いかに早くできるようになったかを褒めがちだが、それだと、固定的マインドセットやズル、表面的な学習といったマイナスの結果に結びつくことがある。テレビゲームでは、失敗しても大して悪いことは起きない。もし死んでしまったとしてもまた最初からやり直すだけである。それと一緒で、子供たちも何のリスクもなく失敗できるべきだ。間違えたら、またそこからやり直させてあげよう。何を学ばせる場合でも、子供たちが少しミスをしたくらいで学ぶことを放棄させてはいけない。

3. 子供たちの意見を取り入れる。 テレビゲームには、ある程度は選択の余地がある。プレイヤーはやりたいゲームの種類や課題をクリアする方法を選べる。学校の勉強でも、子供たちは発言権や選択権を与えられるべきだろう。子供たちに、与えられた課題や評価方法に対する意見を聞く。彼らの声を聞き、選択肢を与えることで、課題への当事者意識を促し、自発的に成功したいと思わせることができる。

4. 違いを大切にする。 テレビゲームが上達する方法に様々な方法があるように、課題への取り組み方についてもある程度の余地を与えよう。全ての子供が同じやり方で学ぶとは限らないため、一人の子供に合う方法が必ずしも他の子供にも合うわけではない。ここで、「まだ」の登場だ（「まだ」の概念の詳細については第9章にて）。いくつかの異なる方法を試させ、子供本人に自分に合う方法と合わない方法はどれか考えさせよう。自分に合う方法を見つけるプロセスは、1度やってみて諦めるより、ずっとよい経験になる。

5．内発的動機づけ。 どの子供も自発的にテレビゲームで遊ぶ。やったからといってご褒美がもらえるわけでもなく、ただ純粋に楽しみ、難しいことに挑戦するために遊ぶのである。子供たちが、学校の勉強にも同じように自発的に取り組めるようにしよう。子供たちを外的な報酬によって動機づけるより、内発的動機づけを見つける手助けをする方がよい。

6．ズルをする。 教育において、「ズル」がどれほど汚い言葉かは重々承知しているつもりだ。ところが、テレビゲームでは、うまくやるための様々なズルや暗号がある。子供たちにズルをするよう奨励しろと言っているのではない。でも、学習においても、ちょっとしたヒントやトリックを問題を解くための方法として与えるくらいならいいではないか！　高校で英語教師を務めるディーナは、作品を読み終えることができないときや、よく理解できないときは、デジタル版スパークノーツという、文学作品の要約などが載った虎の巻のようなサイト（参照：https://www.sparknotes.com/）を使うことを生徒たちに堂々と奨励している。

「生徒たちがスパークノーツを使おうと、あらすじを探して読もうと、気にしていません。作品を理解するための方法の1つに過ぎないと思っています。たとえば、もしマクベスの内容が理解できなければ、読むのを諦められるより、Googleであらすじを探してもらった方がよいです。生徒たちには、いくつか自由に使えるツールをもっていてほしいし、物語を理解するのに何か他のツールを頼らなくてはいけなかったからといって、ダメだとは思わないし、むしろ賢いと感心します」。

7. 頻繁にフィードバックをする。 テレビゲームでは、プレイヤーは常にフィードバックをもらえる。鐘の音やオルガンの音で、プレイの途中に起こるよいことや悪いことを知らされるのだ。それと同じように、教師や他の子供たちから、学習に役立つアドバイスや情報をフィードバックとしてもらえることが必要である。もし、何もよく分からないままプレイし続け、最後になって、もはや手遅れなわずかなフィードバックしかもらえないゲームがあったとすれば、人気はないだろう。学校の課題もそれと同じだ。学んでいる途中にコンスタントにフィードバックをもらえた方が、次の単元に進んだ後に返却された1週間前のテストにちょっと添えられたコメントよりも、ずっと価値がある。

8. ヒントを与える。 テレビゲームでは、1つクリアするとまた1つ、というようにだんだんと難易度を増しながら課題が与えられる。そのため、クリアまでの道のりがとても明確だ。まず、剣を手に入れる。次に、禁断の森へ行く。そして、魔法の妖精を助け出す。多くの教師が、なぜ、そしてどこへ向かっているのかを示すロードマップを渡さずに、ただ概念だけを教えている。そうではなく、必ず、ヒントとなる情報を与えたり、スキルを習得させ、子供たちを手助けするようにしよう。ただし、やりすぎは禁物だ。やりがいのないゲームは誰も遊びたがらないだろう。

9．健全な競争を生む。　競争が内発的動機づけになる子供ばかりではないとはいえ、多くの子供にとって競争はよい動機づけになる。ゲーミフィケーションでは、テレビゲームやその他のゲームを使い、ゲームをしながら、仲間意識を芽生えさせ、意欲をかき立て、学習を促すことが可能だ。この方法は、子供たちからの人気がとても高い。ただし、競争するためには協力し合うことが重要だということを必ず伝え、賞品を与えたり、点数のことで大騒ぎしたりしないよう気をつけよう。子供たちをグループに分けて協力し合う練習をさせ、1対1になることは避ける。

ゲーム産業が子供たちを熱中させる方法を知っているのは明らかだ。先のいくつかの方法を試し、学校でもゲームと同じように、やればできるという姿勢や難しくても何度も挑戦する態度を身につけさせよう。

生産的な失敗

保護者や教師は、子供たちを失敗から守ることで、生産的で意味のある失敗の仕方を学ぶ機会を奪っている。失敗の仕方を知っているということは重要なスキルであり、過保護な保護者や自尊心を大切にする文化によって、ますます多くの子供たちが身につけられていないスキルでもある。

「上に向かって失敗する」や「前に向かって失敗する」など、呼び方は様々だ。どう呼んでも問題ないが、生産的な失敗とは、間違いや挫折は貴重な学びの機会に変わる、という考え方である。香港教育大学で心理学の教授を務めるマヌ・カプールは、生産的な失敗について熱心な研究を行ってきた。彼によると、問題の解き方を明確に示された子供にくらべ、問題がなかなか解けず苦労した子供の方が、別のことにも学んだことを使ったり応用したりすることができるという[※76]。

カプールは、この仮説をもとにシンガポールの学校である実験を行った。実験では、2つのグループに分けた子供たちに同じ算数の問題を与え、それぞれに異なる指示を与えた。1つめのグループには、問題の解き方を詳しく解説し、明確なフィードバックも与えた。反対に、2つめのグループには、問題の解き方を教えず、教師に聞くのではなく子供同士で協力し合うよう伝えた。1つめのグループは、教師の助けもあり、問題を正しく解くことができた。それに対し、2つめのグループは、教師の助けはまったくなく、問題に正解することができなかった。

ところが、カプールが記録した内容によると、2つめのグループの方が、アイディアや方法、問題の答えについて話し合う時間が長かったことが分かった。そして、両方のグループに対し、学んだ内容に関するテストを実施したところ、2つめのグループの方が成績がよかったのである。

カプールは、これを「隠れた効果」と呼び、苦労することで問題の性質について深く考えるようになり、その方が正解を導き出すよりずっと価値があると言う[※77]。苦労して問題を解くことで、次にまた似た問題に直面したときに、努力して得た知識を応用することができるのである。そのときは苦しくても、生産的な苦労は、より深い学習内容や問題の解き方の理解に結びつく。

生産的な苦労を促すため、授業に取り入れることができる6つの特徴を紹介しよう[※78]。

1. 問題は、意欲を失わせない程度に難しい。
2. 子供たちが様々なアイディアを出せるよう、課題の解き方は複数ある。正解する方法が1つしかないのはダメだ。
3. 生産的な失敗をさせるには、子供たちの予備知識を呼び覚ますべきだとはいえ、予備知識だけで問題が解けてしまってはダメである。新しい挑戦も必要だ。
4. 子供たちが、自分たちの考えや方法について詳しく説明する機会を設ける。
5. 子供たちが、問題のよい解き方と悪い解き方の両方を吟味する機会を設ける。
6. 課題は、子供たちにとって重要で、意欲をかき立てる内容になっている。

「教え、学ぶ目的は、基礎より先に進み、概念的理解を深くし、知識を柔軟に新しい状況に応用できるようにすることだ」とカプールは言う。[※79] だからこそ、失敗させる——むしろ、わざと失敗させる——ことが子供たちにとって素晴らしい学びの機会になる。子供たちは、あなたが与えた挑戦を乗り越えることで、人生に役立つ深い思考やスキルを身につけることができるだろう。

とくに、算数は、カプールが言うような生産的な失敗の仕方を学ぶのにちょうどよい。生産的な失敗を促す課題の6つの特徴を念頭に置き、あなたの学級や学習内容に使えそうな生産的な失敗をさせる方法を考えてみよう。

生産的な失敗をさせる方法を考えよう

Chapter 9

12月

「分からない」と「まだ分からない」は違う！

テストの点数や成績から子供が今どこにいるかは分かっても、
どこまで行けるかは分からない。
——キャロル・ドゥエック

今月の目標

・「まだ」という概念を学級に取り入れる計画を立てる。
・形成的評価と総括的評価を区別する。
・学習プロセスの価値を強調する方法やアクティビティを学ぶ。

まだ

大人気のＴＥＤトーク『必ずできる！―未来を信じる「脳の力」―』で、ドゥエックは、イリノイ州シカゴのある高校で、試験に合格できなかった子供たちの成績を「未合格」にしたという話に触れている。

「なんて素晴らしいのだろう、と思いました。不合格なら、『自分はダメだ』とか『もうどうしようもない』と思ってしまいます。でも、未合格なら、自分は学習曲線上にいると分かりますよね。そうすることで、未来に続く道を与えることができます[※80]」

不合格――何やらいろいろな解釈ができそうな言葉である。確定してしまった感じがあり、「間違い」や「挫折」と違って、決定的な響きが年貢の納めどきを意味するかのようだ。おしまい。ジ・エンド。終了。でも、「まだ」はどうだろう？　こちらは魔法の言葉だ。まだ、ということは、もっとよいことがあることを約束している。まだ、という言葉は「こっちこっち！　ここにいるから捕まえてみな！」と呼びかける未来だ。この不合格を「未合格」にするという方法が、シカゴの高校で画期的だったため、他の学校や教師たちもまねして取り入れるようになった。

オクラホマ州の高校で数学教師を務めるサラ・カーターは、ＮＰＲ〔National Public Radioというアメリカのラジオネットワーク〕で

2015年度の50人の素晴らしい教師に選出された[※81]、成長的マインドセットを重視する教師の一人だ。彼女の教室には、固定的マインドセットの考えを成長的マインドセットの考えに変える掲示板がある。「この問題は難しすぎる」は「この問題は時間と努力が必要だ」に、「失敗した」は「失敗は学ぶ手助けをしてくれる」に、「これで十分だ」は「本当にこれが自分の限界かな？」となる。また、成績は従来のAからFの基準ではなく、AかBか「未合格」に分けられている。

「成績はAかBか未合格で表されます」とカーターの生徒たちは言う。他の生徒たちも口々にカーターがテストや課題をAかBになるまでやり直すチャンスをくれると証言している。

彼女のブログ〝Math = Love〟には、彼女の成績のつけ方に対する生徒たちの反応が掲載されている。ある生徒は、授業は難しかったが成績のつけ方には助けられたと言う。また、このような書き込みもある：「成績評価は、最初は最悪って思うかもしれないけど、課題をやり直させてくれるから学習内容がよく理解できるようになります[※82]」

ほら、ティーンエイジャーがこう言っているのだ。「まだ」という概念は――間違いや失敗を前向きに受け入れるのと同じように――最初は「最悪」に感じられるかもしれないが、最終的には子供たちがより深く理解する原動力となる。

「まだ」について考えよう

あなたの学級に「まだ」の原理を取り入れるにはどうすればよいだろう?

成長的マインドセットによる評価

評価は、子供たちの成長的マインドセットに様々な影響を与える。そのため、指導方法を反映する評価の仕方ができているかは重要だ。つまり、成長的マインドセットを使った教え方をしているのに、固定的マインドセットを助長するような評価方法は採用するべきではない。最もよく使われる2つの評価方法について説明しよう：

形成的評価：指導プロセスの一環として、学習中の単元を通して定期的に評価を行う。評価結果は次のようなことに使う：指導方法を決定する、もう一度教えた方がよいか、より発展させて教えた方がよいかを判断する、教室での学習体験をガイドする、または、子供たちに振り返りの機会を与える。形成的評価では学習中にタイムリーなフィードバックが行えるため、随時必要な調整を行える。

総括的評価：単元の最後に子供たちの理解度を評価する。総括的評価は1つの単元だけを扱う小さなテストから、州の統一試験のような影響力が大きいテストまでを含む、テスト形式で行われることが多い。テスト結果をベンチマークやその他の基準に照らし合わせ、子供たちの学習達成度を測ることができる。

形成的評価	総括的評価
宿題・練習	ピアノの発表会
ベルワーク・exit slips 〔アメリカの指導方法の1つ。授業が終わり退室する前に、学習内容を理解したかをチェックするため教師がする質問に対し、子供が紙に答え書く〕	期末試験
自己評価・クラスメイトによる評価	統一試験
ノートに書く	レポートの最終稿
メタ認知アクティビティ	単元テスト

形成的評価と総括的評価の例を表にまとめた。

形成的評価は、学習に埋め込まれた評価方法だ。子供たちの日々の達成度を学習目標と比較して評価するため、学習内容を確実に習得する方法を示すことができる。反対に、従来の総括的評価には、そういった要素が一切なく、この評価方法では、学習の最後に行われる習熟度の評価をもとに、子供たちの学習状況を分析する。

総括的評価には、形成的評価がもつニュアンスや物語がない。子供たちがその日のテストでどのくらいよくできたかは分かっても、その子供の全体的な学習状況までは伝わってこない。子供たちの習熟度が正確に反映されることもあるが、分からないこともある。それなのに、多くの教師や学校経営者、保護者、子供たちがこの評価方法に執着する。なぜなら、それで成績が決まるからだ。

教師は、形成的評価と総括的評価の両方に成長的マインドセットを取り入れることができるし、また、そうすべきだ。褒める対象をプロセスに変えたのに、プロセスより達成度を重視した評価を続けていては、子供たちが本当の意味で成長志向の学級の恩恵を受けることはできない。成長的マインドセットを大切にしたければ、口先だけではなく、行動で証明する必要がある。成長志向の形成的評価と総括的評価がどのようなものか、ある中学校の数学の教室を覗いてみよう。

カンザス州カンザスシティの中学校で数学教師を務めるシェリー・ソファは、最も価値のある評価とは、正当で信頼性が高く、タイムリーな評価だと言う。また、子供たちを評価方法に対して成長的マインドセットにするには、彼らに習熟度を測るテストや課題をやり直す機会を与えることが一番だという。

「教師が成長的マインドセットを尊重し、重視する教室環境にすることで、子供たちは、あまりよくない結果に落ち着いてしまうのではなく、何度でもテストや課題などに取り組みたくなります」とソファは言っている。※83

ソファは、形成的評価と密接に連携させることで、子供たちの総括的評価の結果は予測できると言う。また、形成的評価にしても、同じテストを何度も繰り返し受けさせる必要はなく、習熟度を示す機会がもっと必要な子供たちに対しては、他にも様々な方法がある。たとえば、テストで間違えたところを直す、クラスメイトや教師に学習内容を教える、自分でテストを作って受ける、または、そのクラスメイトが考案した評価方法を実行するなどである。

さらに、州立テストなどの影響力が大きい総括的評価を使って成長的マインドセットを培うことも可能だとソファは言う。ただし、それは、子供たちが毎年スコアを記録している場合に限るそうだ。実際に、これに近いことを学級で行っているという彼女は、毎年、事前テストと事後テストを実施し、子供たちが自分の成長を実感できるようにしていると言う。

「私の経験では、子供たちは影響力が大きいテストでも、絶対にできると信じ、目的は上達することだと分かっていれば、頑張ることができるのです。たとえばMAPテスト〔Measure of Academic Progress の略〕は年に2～3回実施され、子供たちの学習達成度を測定するのですが、子供たちは、テストの成績から自分が成長したことが分かると達成感を得ることができます。完璧なテストとは言えませんが、少なくとも、私たちが成長を重視し、称賛していることを伝えることができます[※84]」

そのため、成長的マインドセットを育むテスト作りが鍵だとソファは言う。彼女が重視しているのは点数や成績ではなく、一定の基準に基づく習熟度を記録することだ。そこで、課題に対し、AからFの成績をつけるのではなく、次のどれに当てはまるかで子供たちの習熟度を測るという：改善の必要あり、基礎は理解している、ほぼ達成、達成。その上で、子供たちには必要なだけ学習内容を復習し、習熟度を示す機会を与えるそうだ。

「子供たちが時間をかけて努力したことが、彼らにとって不利に働くようなことがあってはいけません」とソファは言う。「練習したことに対してペナルティーを与えられるべきではありません。そんなことは当然だと思うかもしれませんが、宿題や学級でやった課題に点数をつけ、それを成績に反映させる教師がたくさんいます。点数をつけるのは構いませんが、同時に、子供たちが点数を上げていくチャンスも与えるべきです[※85]」

このような習熟度の評価方法――完全に習得できるまでを段階的に評価する方法――によって子供たちは自分の学習達成度を監視し、自分で学習方法の種類や様式を選ぶことができるようになるという。テストを受け直すことができることが分かると、学習意欲にも影響する。さらに、まだ達成できていないというフィードバックは、不合格という意味ではなく、もう少し努力が必要だということを意味する。習熟するためには何が必要か、子供たち以上に分かる人はいないだろう。

翌年からはスクールカウンセラーに転職するというソファは、成長的マインドセットの学級にすることは、成長や変化を促すカウンセリングを行うにあたって大きな意味をもつと言う。「私の考えでは、人を思いやる環境、有意義な人間関係や人との絆があれば、子供たちは成長し、冒険することや、自分や他人、または世界への理解を深めることを求めるようになるはずです。環境が成長的マインドセットを育み、また、私たち教師のすることが、そのような成長を促すことも邪魔することもできてしまうのです[※86]」

「教育の意義」の危機

高校教師のケリーは、次のような体験について語ってくれた：

「高校の生徒たちに課題を出すと、教室中の手が挙がります。みんなが知りたいのは、ただ1つ：「それ、何点分？」私は腹が立って、こんなふうに答えるんです：「1千万点！」。とにかくでたらめな大きい数字を言います。大切なのは、その課題で何点稼げるかではなく、学ぶことだと知ってほしいのに。他の学級で点数を気にする癖がついているようで、なかなか学校での学習に対する意識を変えることができませんでした」

ケリーが抱えていた悩みは、とくに珍しい悩みではない。多くの学校が点数重視だからだ：〝卒業生総代〟はGPAが一番高い生徒だし、奨学金はSAT〔アメリカの大学受験で使われるセンター試験のようなもの〕で最も高得点をとった生徒に与えられるなど。もし、あなたの学校の校風がこのように総括的評価を重視していたとしても、あなたが期末試験の点数より学習プロセスの方が大事だと思っていることが伝わるようなアクティビティや方法を通じて、成長志向の学級にすることはできるはずだ。

子供たちに小テストやテストを返却したときに、彼らが点数をお互いにくらべているのに気づいたことはないだろうか？ Aをとった子供たちはテストを誇らしげにヒラヒラと宙で振り、DやFをとった子供たちは、自分より低い点数をとった子を探す子供のターゲットにならないよう、祈るような気持ちで自分たちの席で小さくなっている。

反対に、もし子供たち――とくに中学生や高校生――に「（この課題またはテストには）成績はつけません」と言えば、ほとんどの子供たちが意欲を失うだろう。点数がつかないなら、どうして頑張る必要があるの？　というわけである。アメリカでは、「Ａスチューデント」といえば「いい人」の同義語といってもよい。これらは自分たちがまいた種なのである。明らかに自業自得だ：成績重視の教育システムにしばられた子供たちは、ある研究によると、わずか数点引かれるなら、自尊心を守るためにズルをする方がまだいいと思っているという。

カンザス州立大学の人類学教授のマイケル・ウェッシュは、教育者は、子供たちが、受動的な知識の受取人になるのではなく、自分たちにとって意味のある質問の答えを探す探究者となれる学習体験を提供する方法を模索しなければならないと言う。彼は、学校に通う子供たちがテストに合格し、点数をとることばかり気にしている現代の問題を「教育の意義の危機」と呼んでいる。

「よくある『何をしても学校が合わない子供っているんだよね』という嘆きについて考えてほしい。そう聞いて、少しでも疑問を投げかけたり、反対の声を上げたりする人はいない。では、ここでの『学校』を、学校のそもそもの役割である『学習』に置き換えてみたらどうだろう。『何をしても学習が合わない子供っているんだよね』？　そんなことを言う人はいない」とウェッシュは“*Education Canada*”（「エデュケーション・カナダ」誌）で語り[※87]、また、次のように続けている：私たちがつくり上げた学校システムで、もし、子供たちが無力感や居心地の悪さを感じているとすれば、それは、私たちが描く学校システムの境界が狭すぎるからかもしれない。もっと多様な人間や考え方を受け入れられる、より開放的な学習環境の方がみんなにとってもよいはずだ。

さらに、現代の学校はあらゆる意味でデジタル革命についていけていない、とウェッシュは指摘する。15年以上前までは、子供たちの知識は、教師が知っていることや図書館で得られる知識を上回ることがなかった。今では、どの子供も指先一本で人類が知り得る全てを調べることができる。そのため、「何」を学ぶかは、「なぜ」「どのように」学ぶかということより重要ではなくなった。得られる情報量もその有効性も発達したというのに、私たちの教育方法がほとんど変わらないとは、なんとも嘆かわしい話ではないか。

「いつでも、いくらでも情報が手に入るようになるにつれ、子供たちにとって、何かを知り、暗記したり、思い出すことは重要ではなくなり、むしろ、どのように情報を探し出し、選別し、分析し、共有し、話し合い、批判し、作り出すかが重要になってきた」とウェッシュは言い[※88]、私たちは、子供たちが知識豊富かどうかばかりに焦点を当てるのをやめ、「知識の活用」ができるよう手伝うべきだという。

「知識豊富」な子供たちを「知識の活用」ができる子供たちにするには、答えを見つけることとさらなる疑問をもつことの両方ができる、オーセンティックな学びの機会が提供できなければならない。子供たちが、あと何点でAをとれるかではなく、世界について好奇心をもてるよ

知識豊富（何を）	知識の活用（なぜ・どのように）
州都を暗記する。	州都についてのドキュメンタリーを制作する。
ワードサーチパズルから習った単語を探す。	習った単語を使って物語を書く。
ジュラシック紀の恐竜の名前を言う。	PBLに取り組む: たとえば、「人間と恐竜が共存する世界とは、どんな感じだろう?」
昆虫のライフサイクルの図を完成させる。	昆虫（ミツバチやアリなど）の目線になり、1日の様子を表す動画を撮影する。
エネルギー効率を学ぶ。	一番よい断熱材を調べる研究を考える。
校庭の面積を調べる。	校庭を設計する。
動物が絶滅危惧種である理由を3つ挙げる。	絶滅危惧種の動物を保護する方法を考える。
法案が法律になる仕組みを説明する。	模擬議会を開き、法案が法律になる仕組みを表す。
ゲティスバーグの戦いについてレポートを書く。	ゲティスバーグの戦いの最前線から届けられたポッドキャストを制作する。

うにしてあげることが重要だ。表に、学級でできる「知識の活用」をする課題をまとめた。

PBL〔Problem Based Learningの略〕は、子供たちにとって意味のある「知識の活用」が求められる課題を取り入れるのに、とても適した方法だ。

BIE〔Buck Institute for Educationという教師向けにPBLに関する情報を豊富に提供する団体〕によると、PBLとは、「長い時間をかけて調べ、興味深く複雑な質問、問題や挑戦に答えることで、知識やスキルを身につけることができる教授法」だという。※89

探究学習、チャレンジ学習や問題基盤型学習など、呼び方は様々なものがあるが、目的は同じだ：子供たちに、深く考え、協力し合わなければ解くことができない、現実的でオーセンティックな問題を提起することである。これらのタスクは、学習内容を概念としてだけでなく、実際に自分たちに関わる問題に対する解決策として活用する機会を与えてくれる。

ＰＢＬで有名なＢＩＥが、「代表的な」課題の８つの特徴の概要を発表したので、表にまとめた。

その８つの特徴とは、次ページのとおりだ[※90]。

子供たちの人生に関わる重要な問題を解決することが求められるＰＢＬやその他の学習アクティビティが大切な理由はいくつかある。１つめは、現実的な問題や解決策は、子供たちの人生に直接影響するため、目の前にある学習内容により熱中させることができるということ。２つめは、大人になれば数々の課題に取り組まなければならなくなるため、あらゆるスキルを磨いておく必要があるということ。最後に、子供たち主導で学ぶことができ、障害や挫折に立ち向かったり、フィードバックや内省などの重要なスキルを磨くこともできるからだ――これらはどれも成長的マインドセットを培い、強化する要素でもある。

特徴	内容
鍵となる知識や理解、成功するためのスキル	課題の全体を通して学習内容や基礎知識が埋め込まれているため、問題を解決する、深く思考する、自己管理する、グループワークを通じて協力し合う、など重要なスキルを培うことができる。
挑戦的な問題や質問	決まった答えがない自由回答形式の質問が課題の枠組みとなっている。質問は、子供たちにとって意味のある、挑戦的な内容でなければならない（Googleですぐに調べられるような問題はダメ！）。
継続的な探究	1日で完成できるものはダメ！　この課題では、調査、情報収集、実用や創造が求められるため、最低でも3週間はかけること。
実用性	現実社会でも役に立ち、子供たちにとって興味深い、直接関係のある問題でなければならない。
子供たちの声と選択	作業方針や完成形の目標など、課題に関するほとんどのことを子供たちに決めさせる。
内省	課題に取り組む過程で内省できるようになっている。作業中に直面した障害、作業段階、チームワークや作品の質などについて、子供たちも教師もメタ認知を活用して内省する。
批評と見直し	教師や他の子供たちのフィードバックを取り入れ、作業プロセスやプロダクトに反映する。
プロダクトを公開する	発表を通じて作品を公開する。または、学級以外の人たちに見てもらう。

形成的評価の方法

形成的評価に必要な情報を集めるには、テストの他にも様々な方法がある。表に、成長志向の学級に取り入れられる形成的評価の方法をいくつかまとめた。どれも、子供たちには課題に集中することで自分たちの学習について検証させ、教師には指導方法について内省する機会を与えることで、学級全体の学習プロセスを導いてくれる方法となっている。なるべく、グループで作業させるとよい。紹介しよう（２７１・２７２ページ）。

もっとよい成績のつけ方

形成的評価は、まだ学習中の子供にとって不公平なペナルティーを課されるようなものだという話をした。一方、形成的評価でも子供たちの習熟度を記録することはできると反論する教師は多い。だが習熟度を記録したいのなら、様々な方法がある。

たとえば、一定の基準に基づいた習熟度の尺度を使って、子供たちに自分の習熟度が分かるようにすることで、成績をつけずに評価することができる。カーターが使っていた、Ａ、Ｂ、

方法	内容
振り返りの処方箋	形成的評価を行った後、子供たちに苦手分野を克服する手順を書いた、振り返りの処方箋を作らせる。
クラスメイトからの評価やフィードバック	相手が学習を深められるよう、子供同士でプロセスに対するフィードバックをさせる。
デジタルを活用した確認	GoogleドキュメントやGoogleスライドなど、リアルタイムで子供たちの学習状況を見ることができるツールを使って進捗状況を確認し、彼らが取り組んでいる課題に対する質問やフィードバックを行う。
Nearpod〔教育とテクノロジーを組み合わせたサービスを提供するスタートアップ企業〕	Nearpodのレッスン、動画、アンケートやQ&Aのスライドを使って、子供たちからのインプットを増やす。
クラスメイトに共有する	隣の席の子供とパートナーを組ませ、お互いに学習、理解や勘違いしていたことについて話し合わせ、それを聞く。
少人数グループ	誘導型指導を通してグループの子供たちの理解度を評価し、学習内容をもう一度教える、明確にする、あるいは、発展させて教える。子供たちに、質問をしたり、逆に質問に答えることで、自分たちの理解度を確認させよう。このことを通じて、誘導型指導のヒントを得ることができる。
ソート（単語、単語の意味、比喩やイラストのカードを使ったアクティビティ）	子供たちの学習理解度を評価し、より指導が必要な分野を明確にする。
課題センター	いくつかの「課題センター」を作り、子供たちに回らせる。そうすることで、子供たちは自分にとって理解が曖昧になっていることや、応用的な内容を学ぶ必要があることが分かる。
デジタルやその他のシステムの活用	クリッカー、Socrative Teacher、Polls Everywhere〔いずれもアメリカのアプリケーション〕やアンケートを使って、子供たちの理解度を明確にし、誘導型指導に活かす。

方法	内容
確認フォーム	子供たちに、教室を出る前に次の文章から1つ以上選ばせ、答えを書かせる: ・……を学びました。 ・……がまだ分かりません。 ・学んだことを使って……できます。 ・自分に結びつけて考えられたのは……という部分です。 ・興味深いと思ったのは……です。 ・……が知りたいです。
振り返り	子供たちに、習熟度の尺度を使って自分の理解度を評価し、より詳しい指導が必要な分野や達成を妨げる障害を明確化させる。
グラフィック オーガナイザー	先行オーガナイザーを使うことで、子供たちに情報を整理させたり、子供たちの予備知識を評価できる。
ホワイトボード	質疑応答を行ったり、子供たちが問題を解いたり、学習内容を明確にするためにホワイトボードを活用する。子供たちが考える間に教師が教室の中を歩き回り、困っている子供をファシリテートする。
図	子供たちに、図や模型を作ることで理解度を示させる。
蛍光ペン	子供たちの作品で分かりづらい箇所や間違えているところを蛍光ペンでマークし、子供たちに直させる。

未合格の評価方法や、ソファが使っていた、改善の必要あり、基礎は理解している、ほぼ達成、達成という習熟度の尺度がよい例だ。他にも、習熟度ごとに数字や色、文字などを割り当て、子供たちが自分の習熟度を評価できるようにすることもできる。たとえば、次のような子供用の習熟度の尺度はどうだろう‥

緑――他の人に教えられるくらい、十分に理解している！

黄――大体分かったけど、もうちょっと練習が必要。

赤――待って！　まだよく分からない！

子供たちは、学習目標に照らし合わせ、自分が緑、黄、赤のどれに当てはまるか自己申告する。教師は、それをもとにグループワークをさせる場合はグループごとに、その他の学習方法ならそれに応じて指導する。

形成的評価では、フィードバックを行うのは教師だけではない。子供たちもメタ認知のツールを使い、自分の習熟度を評価できる必要がある。内省評価は、メタ認知――自分の思考について考えること――を鍛え、将来、他の学習にも活用できる自己評価スキルを磨くことにも結びつく。次ページの「思考シート」は、子供たちがメタ認知を使って自己評価できるためのヒントとして使える。

思考シート

・

がまだよく分からない。

・

が分かった。

・

と習ったことを結びつけることができた。

・

に習ったことを活かすことができる。

・

が分かりにくかった。

・

だったら、もっとよく理解できたと思う。

・意味が分からないときは、

する。

『マインドセット―「やればできる！」の研究―』で、ドゥエックは、算数のテストで65点をとった子供に教師たちはどのように接するかについて、同僚たちと行ったアンケート調査について書いている。アンケートに答えた多くの教師は、テストの点数からどんな子供かを推測し、どのように接するべきかについて、様々な提案をしてくれた。ところが、自分の回答は研究に使わないでほしい、という抗議の手紙を送ってきた教師がいた。彼は、たった1度のテストの結果で子供を判断しろとは失礼なアンケートだと怒っていたのである。多くの教師仲間は簡単にその判断をしたなどとは、彼は思いも寄らなかったのだろう。もちろん、ドゥエックはこの手紙の主と同意見だった。

「たった一度の評価で、その人の能力を測ったり、ましてや、その人の将来性を推測することなどできない」とドゥエックは書いている。また、評価を急ぐことで、子供たちは、十分に学ぶ時間や、難しい学習内容につまずいている暇などないように感じてしまうという。また、評価の高さを重視する学級では、子供たちは、成功者や頭がよい人間だと思われるには、できるだけ早く、しかも完璧にできるようにならなければならないと勘違いしてしまうのだそうだ。

評価にだって、成長的マインドセットでアプローチすることはできるし、失敗や苦労、成長を重視することを中心としたやり方がある。ただし、成績などに大きい影響をもたらすテストやレターグレードはそう簡単にはなくならないだろう。とはいえ、子供たちが、成績は知力を直接反映するものではなく、習熟度を測るものとして捉えるための方法はある。次の表に、よ

方法	説明
評価の表し方の変更	従来のAからFの評価ではなく、よりプロセスに焦点を当て、習得を促す評価を考える。 例:「前進中」「上達中」「未合格」など。
ルーブリック	プロダクトよりプロセスを重視するルーブリックは、レシピではなく、ロードマップを提供する。
コメント	成績のかわりに、あるいは成績と一緒に、評価内容を説明するコメントをつける。
子供主導の面談	子供たちは、自分が立てた目標、学習プロセスや目標達成に立ちはだかる障害や学習状況について、保護者に伝えることができる。子供たちが不在の面談では、成績の話だけになりがちだが、子供たちを同席させることで、子供たち本人の体験や気持ち、考えや意見が聞ける。こうすることで、子供たちのことが、成績表を見るよりずっとよく分かる。

り意味のある、包括的な評価を行う方法をまとめた。

バーモント州エセックスのエセックス中学校で科学の教師を務めるアンドリュー・キャスプライシンが、学校が"standards-based grading system"標準準拠評価〔1つの科目に対し、最終的な成績を表すレターグレードを1つつけるのではなく、いくつかのその科目における学習目標の項目ごとに細かく評価する〕を導入したときのことをインターネットに書き込んだ。[※91] まず、校長は、教師たちにインデックスカードに生徒たちの名前を書かせ、それを従来の評価システムによる成績順に分けさせたという。このとき、キャスプライシンや同僚たちは、常にAやBばかりとっているグループの生徒たちは、必ず宿題を提出する、分からないことはすぐに質問する「（成績が）よい」生徒たちだということに気づいた。ところが、C、DやFの山の生徒たちは、頻繁に宿題を忘れる「（成績が）悪い」生徒たちだったのである。

インデックスカードを分け終えると、校長は、今度は違う基準に沿ってカードを分け直させた。学習目標の項目ごとに標準、標準以上、標準以下の3つ、つまり標準準拠評価である。すると、興味深いことに、AやBばかりとっているグループの「(成績が)よい」生徒たちの何人かは「標準以下」のグループに移されてしまった。そして、逆に「(成績が)悪い」生徒たちの何人かは「標準以上」のグループに移ったのである。

教師たちは、話し合ううちに、従来の評価システムでは生徒たちの真の理解度を的確に捉えられないことに気づいた。そこで、すぐに評価方法を標準準拠評価に変えることを決めたのである。ただし、みんなが新しい評価方法に慣れるまでには少し時間がかかった。キャスプライシンによると、教師たちは、標準準拠評価に変えることで、より学習に集中できるようになることを生徒や保護者に何度も伝えなければならなかったという。また、教師たちは、評価方法が変わったことで「標準」とは何か考え、協力し合って計画を練らなければならなかった。「より効果的に生徒たちを正しい方向に導くコメントを書けるようになりました。それに、生徒たちに深い思考を促す質問形式のコメントも少しずつ増えてきました」とキャスプライシンは書いている[※92]。

標準準拠評価やその他の成長志向の評価方法は、学ぶことに集中させてくれる。好奇心を育て、意欲をかき立て、深い思考を促す創造性に富む評価方法はいくらでもある。成績が、いかに早く完璧に課題を完成させるかにばかり捉われなくなるほど、スタート地点に関係なく、誰でも成長できるという考え方に近づくことができる。

Chapter 10

1月

自分にはできる!

成長的マインドセットへの道は、宣言ではなく、旅である。
——キャロル・ドゥエック

今月の目標

- 成長的マインドセットにおけるセルフトークの役割を理解する。
- 新しいことを学ぶための成長的マインドセット計画を立てる。
- 問題解決のための成長的マインドセット計画を立てる。

有名なチェロキー族の言い伝えに、祖父が孫に人生について語ったといわれる話がある。※93 祖父は、お前の中には2匹の狼が住んでいる、と孫に言った。1匹目は、欲、妬《ねた》み、憎悪、おごり、そして、闇を抱える悪だといい、2匹目は、寛容、希望、愛、謙虚、それから、光をもつ善だという。そして、この2匹の狼——善と悪——は、どの人間の心の中にもいて、闘っているというのである。

孫は祖父に聞いた：「どっちの狼が勝ったの？」

すると、祖父はこう答えたという：「お前が餌をやった方だよ」

古い言い伝えに出てくる2匹の狼と同じように、固定的マインドセットと成長的マインドセットは私たちの頭の中で場所の奪い合いをしている。頑張った1日の終わりに成長的マインドセットが満足していると、固定的マインドセットが急に現れて「本当にそれでいいのか？」と攻撃するのだ。

自分に語りかける練習をすべき理由

内なる声は、いつも脳の中を飛び交っており、心理学者たちによると、その声が伝える内容が成功や失敗に影響するという。20世紀はじめ頃の心理学者のレフ・ヴィゴツキーは、幼い子供たちに見られる独り言を「プライベート・スピーチ」と呼んだ。幼児が一人遊びしているのを観察していれば、起きていることを解説する声が聞こえてくる。ヴィゴツキーはこれを、世界を理解しようとする幼児の努力だと考えた。そのうち、プライベート・スピーチは、考えを整理し、行動を制御し、自己認識を生み出す心の中の独り言、あるいはセルフトークへと変化する。そのため、子供たちと内なる声について話すのは、とても重要だ。中には、自分以外の人も心の中で声が聞こえていることを知らない子がいて、驚かされることがある。

5歳のウェスリーという男の子が教師のところへやって来て、校庭で他の子供を叩いてしまったという。怒りにまかせてやってしまったことを反省し、正直に話すべきだと思ったそうだ。「なるほど。あなたの頭の中の小さな声が、あなたが悪いことをしたのに気づいたのね」と教師が言うと、ウェスリーは信じられないといった感じで目を見開き、こう言ったという…

「先生、どうしてぼくの心の中で声が聞こえることを知っているの?」

セルフトークは、マインドセットのコントロールには絶対に欠かせない。もしかすると、子供たちがマインドセットをコントロールするのを助ける方法として一番よいのは、頭の中の固定的マインドセットの声と成長的マインドセットの声を認識させることかもしれない。声がどちらのマインドセットのものかが分かれば、それを訂正できるようになるはずだ。

それぞれのマインドセットを認識させる方法の1つとして、子供たちに、過去にイライラが原因で諦めようと思った出来事を思い出させるというのがある。まずは、あなたがやってみせよう。

「先生が高校生の頃の話をします。テニスのトーナメントの決勝戦でのことです。相手は、州のランキングで1位の選手で、私より体も大きく、戦績もずっとよい人でした。そのとき、私の頭の中で聞こえた固定的マインドセットの声は、こんな感じでした‥

相手はあなたより体が大きいから、ずっと強い球を打てる。

あなたが彼女に勝てるわけない。

恥をかく前にやめた方がいい。

負けたらものすごく落ち込むよ」

これらの声に対し、どのような成長的マインドセットの声で返せばよいか子供たちに聞こう。

そして、片側に固定的マインドセットの声が書き込まれたTチャートを使い、それらに対する成長的マインドセットの声を子供たちに考えてもらう（次ページ見本参照）。

子供たちが成長的マインドセットと固定的マインドセットの声を区別する方法を理解したら、次は、休みの間に固定的マインドセットが彼らの邪魔をしようとするときに何と言うか、また、それに対する成長的マインドセットの反論を考え、みんなで協力してTチャートを作るように言う（284ページ参照）。〔以降、ここでいう「休み」とは、年度末の長期休暇（日本でいう春休み）を指すが、アメリカではそれが3か月あるため、日本においては、学級のマインドセットへの理解度などに応じて、春休みだけでなく、他の休暇や連休の前に適宜指導するなどの調整もあり得るだろう〕

ポップミュージック界のスーパースターであるビヨンセは、内向的な性格を直すため、サー

私の固定的マインドセットの声	私の固定的マインドセットを直そう！
彼女は私より体が大きい。	自分より体が大きい選手と対戦して勝ったこともあるじゃない！
彼女は私より強い球を打てる。	彼女のサーブを返すには、いつもより素早く動かないと。
彼女に勝てるはずがない。	彼女に勝てるように頑張る。
負ける前にやめようかな。	勝つことより、胸を張って一生懸命プレーする方が重要だ。
負けたら落ち込んでしまうだろうな。	勝っても負けても、挑戦したことが私をより素晴らしいテニス選手にしてくれるはず。
彼女はランキング1位だ。	ランキングは石板に刻まれた固定的なものじゃない。私も頑張れば1位になれる。
難しすぎる。	何があったとしても、この経験から学ぶことがあるはず。
私は彼女みたいにうまくなれない。	強い相手と対戦することで、能力を上げることができる。
みんなに負け犬だと思われる。	大切な人たちは、何があっても私を支えてくれる。

私の固定的マインドセットの声	私の固定的マインドセットを直そう！
私は泳げるようになんてなれない。	泳げるようになるように、水泳教室に通っていいか聞いてみよう。
私はジェニーみたいにソフトボールが得意にならない。	ジェニーはソフトボールが上手だから、一緒に練習してもらえないか聞いてみよう。
宿題の読書リストを完成させるのは不可能だ。	読書リストから1冊ずつ読んでみよう。
塾の特別講習は時間の無駄だ。	塾の特別講習は、苦手なことを上達させるよい機会だ。
バスケットボールのチームに入れなかった。私がへたくそだからだ。〔アメリカの中学・高等学校の部活動は基本的にトライアウト制で、合格しなければチームに入れない〕	今回はバスケットボールのチームに入れなかったけど、頑張って練習して、また来年も挑戦しよう。
今年の休みは算数はやらない。どうせ上達しないから。	今年の休みの過ごし方次第では、来年度の算数のクラスで役に立つかもしれない。
休みになってよかった。学校なんて大嫌い。	学校は行かなきゃいけないんだから、よいところに目を向けて、楽しいところだと思えるようにどうするべきか考えよう。

シャ・フィアースというステージ上の別人格をつくっていたとレポーターたちに語ったことがある。ステージに上がるたびに、もう一人の人格になりきり、あのパワフルなパフォーマンスをするために必要な自信を、自分自身に与えていたのだという。

子供たちにとって、名前がないものを概念化するというのは難しいことだ。そこで、固定的マインドセットに名前をつけて、ある程度コントロールができるようにするとよい。ビヨンセがもう一人の人格をサーシャ・フィアースと名づけ、大事なステージの前には呼び出せるようにしていたように、子供たちが固定的マインドセットにより敏感に反応できるよう、両方のマインドセットについてきちんと理解したら、固定的マインドセットに名前をつけさせよう。面白い名前なら、もっと楽しいはずだ。

例：

ネガティブ・ネリー〔ネリーは一般的な名前。ネガティブのNと同じNで始まるのがポイント。日本語で語呂のよいあだ名をつけるとよい〕

スティンキー・チーズ・マン〔「くさいチーズ男」の意〕

デビー・ダウナー〔デビーも一般的な名前。ダウナーは「がっかりさせる話」というような意味がある〕

子供たちに、固定的マインドセットのあだ名を考えるのをしばらく楽しんでもらう。決まったら、実際にそのあだ名を使って固定的マインドセットに話しかけさせる。たとえば、「まずい、ネガティブ・ネリーが喋り出したぞ」とか「スティンキー・チーズ・マン、どっかに行け！　お前の言うことは聞かないぞ」などという声が聞こえてくるだろう。

意外に思うかもしれないが、ドゥエックも、固定的マインドセットとコミュニケーションをとる方法としてあだ名をつけるのはよい考えだと認めている。※94 我が子がいじめっ子に嫌なことをされたときは「やめて」と言えるようになってほしいのと同じで、子供たちに固定的マインドセットのあだ名をつけさせることで、固定的マインドセットの声に反論するためのツールを与えることができるのだ。ときには、固定的マインドセットの不安を受け止め、その上で、不安はさておき成長的マインドセットと一緒に前向きに進もうと伝えることも必要だ。

両方のマインドセットをコントロールするためのもう1つのよい方法は、正しい道に戻るためのキャッチフレーズを考えるというものだ。やる気が出るような「絶対にできる！」でもよいし、状況をより明確にするための「この挑戦は私を成長させてくれる」というのでもよいだろう。

次の表に、子供たちが固定的マインドセットの声をコントロールするための方法をまとめた：

方法	内容
固定的マインドセットにあだ名をつける	子供たちに、固定的マインドセットのあだ名を考えさせる。固定的マインドセットの声で「今やめちゃった方が楽だよ」と言われたら、「○○、あっちへ行け！」と反論することができる。
固定的マインドセットと成長的マインドセットになりきる	子供たちが、他の人の固定的マインドセットにも対応できるよう、一緒に寸劇を考え、やってみる。たとえば、固定的マインドセットの大人が「大丈夫。数学が苦手な人もいるよ」と言い、子供が「確かに今は数学が苦手だけど、努力すれば得意になれるんだ」と答えるというような内容にする。
信頼できるパートナーをつくる	子供たちに、お互いの成長的マインドセットを育てるパートナーを組ませる。もし、パートナーが固定的マインドセットの声のプレッシャーに押しつぶされそうになっていたら、成長的マインドセットになれるよう励ます。
固定的マインドセットの絵を描く	固定的マインドセットを言葉や絵で表すことで概念化する。こうすることで、子供たちは、自分が固定的マインドセットになっていることに気づくことができる。より簡単にコントロールできるようになるはずだ。
成長的マインドセットのキャッチフレーズを作る	キャッチフレーズを考えることで、スポーツ選手が試合に集中できるようになるという研究結果がある。同じように、子供たちが固定的マインドセットになりそうなときに使うキャッチフレーズを作っておくことで、それが心理的きっかけになり、成長的マインドセットに戻ることができる（今月のマントラ―自分にはできる！―もよいだろう）。
固定的マインドセットに手紙を書く	子供たちに、成長的マインドセットから固定的マインドセットに宛てた手紙を書かせる。

成長的マインドセット計画

『マインドセット─「やればできる！」の研究─』の最後の章で、ドゥエックは成長的マインドセットを使った計画を立てることの大切さについて説明している。[※95] あなたを正しい道の外へ押し出そうとする失敗や困難、最悪の状況に直面したときでも、計画を立て、実践方法を描くことで、成長的マインドセットが使えるようになると言う。

そこで、子供たちがそれぞれの成長的マインドセットを使うための計画を立てるのを手伝ってあげよう。休み中に使うことができる計画を2つ考えることに決め、1つめは休みの間にできるようになりたいことについて（水泳、料理、チェスなど）、2つめは現在悩んでいることについて（兄弟と仲よくなる、もっと難しい本も読めるようになる、など）の計画にする（290〜293ページ参照）。

自分の「引き金」を知る

これから、子供たちの成長的マインドセット計画を立てるにあたって、彼らの固定的マインドセットの引き金となる特定の行動、態度や状況を知ることが重要だ。

「固定的マインドセットの引き金に気をつけることができれば、本当の意味での成長的マインドセットの旅を始めることができる」とドゥエックは"*Education Week*"（エデュケーション・ウィーク誌）で語っている。[※96]

子供たちと一緒に「引き金」のリストを作り、もしもの場合には、成長的マインドセットで正面から立ち向かえるようにしよう（294ページ参照）。リストに含まれる状況には、次のようなものが考えられる：カッとしたとき、諦めそうになったとき、学校に行く気になれないとき、プレッシャーを感じるとき、自分のやっていることに不安を感じるとき、など。一緒にリストを作ることで、子供たちは万が一の場合に備えることができる。

挫折の可能性に備えて計画を立てることは、成長的マインドセットでい続けるためにはとてもよい方法だ。子供たちは、固定的マインドセットに傾いてしまいそうだと感じたときのための計画を立てておくことで、実際にそうなったときに、成長的マインドセットで挫折感や喪失感に立ち向かうことができる。彼らの固定的マインドセットが完全に消えてしまうわけではないが——固定的マインドセットはいつでも私たちの中にある——成長的マインドセットを使って障害を乗り越える、新しいことに挑戦するなどの準備を整えることができるだろう。

私の新しいことを学ぶための成長的マインドセット計画

私ができるようになりたいことは

できるようになりたい期限は

できるようになるために必要なものは

できるようになるために私がすべきことは

私にとって障害となりそうなものは

障害を乗り越えるためにすべきことは

もし失敗したら、私がすべきことは

私の固定的マインドセットが言いそうなことは

私の成長的マインドセットの反応は

自分が成長したことが分かるのは、次のようなときだ:

1.

2.

3.

私の新しいことを学ぶための成長的マインドセット計画（見本）

私ができるようになりたいことは

フレンチホルンが吹けるようになる

できるようになりたい期限は

休みの終わり

できるようになるために必要なものは

フレンチホルン、家庭教師、YouTube動画、本

できるようになるために私がすべきことは

毎日1時間練習をする、器楽合宿に参加する、フレンチホルンを持っている友達と一緒に練習する

私にとって障害となりそうなものは

毎日1時間も練習時間がとれないかもしれない、近所から音がうるさいと言われてしまうかもしれない、家庭教師を雇うお金がない

障害を乗り越えるためにすべきことは

練習を忘れないよう時間を決めておく、近所の人たちが仕事でいない時間帯に練習する、家事を手伝ってお小遣いをもらう

もし失敗したら、私がすべきことは

人に助けてもらう、まだ上達している途中だと考える

私の固定的マインドセットが言いそうなことは

フレンチホルンなんて吹けるようになるもんか。もうやめちゃえよ！

私の成長的マインドセットの反応は

努力すれば上達するはずだ

自分が成長したことが分かるのは、次のようなときだ：

1. 基本的な音を出せるようになった

2. 2曲演奏できるようになった

3. フレンチホルンの基礎についてYouTube動画を作ることができた

問題に直面したときの成長的マインドセット計画

私の問題は

問題を解決する期限は

問題を解決するために必要なものは

問題を解決するために私がすべきことは

問題解決の障害となりそうなものは

障害を乗り越えるためにすべきことは

もし計画がうまくいかなかったら、私がすべきことは

私の固定的マインドセットが言いそうなことは

私の成長的マインドセットの反応は

自分が問題を解決したことが分かるのは、次のようなときだ:

1.

2.

3.

問題に直面したときの成長的マインドセット計画（見本）

私の問題は

読解力が2学年分低いこと

問題を解決する期限は

来年度が始まるまで

問題を解決するために必要なものは

先生に本や読むための教材を借りる、友達、先生や保護者の助け、読む練習ができるオンライン教材

問題を解決するために私がすべきことは

先生に読解力を上げる計画を立てる手伝いをしてもらう、毎日読む練習をする

問題解決の障害となりそうなものは

練習したくなくなるかもしれない、壁にぶつかったり、イライラしてしまうかもしれない

障害を乗り越えるためにすべきことは

練習こそが上達への鍵だと自分に言い聞かせる、『ハリー・ポッター』のような自分が興味をもって読みたくなる本を選ぶ

もし計画がうまくいかなかったら、私がすべきことは

読解力を上げるためにできる他の方法を先生に教えてもらう

私の固定的マインドセットが言いそうなことは

読解力なんて上がるもんか。諦めな！

私の成長的マインドセットの反応は

努力と練習と時間があれば、読解力は上げられるよ

自分が問題を解決したことが分かるのは、次のようなときだ：

1. 読んでいる内容が前よりも理解できるようになった
2. 誰の力も借りずに難しい本を読めるようになった
3. オンラインのリーディングゲームでもっと高いレベルをクリアできるようになった

私の固定的マインドセットの引き金

1.

2.

3.

4.

5.

Chapter 11

2月

自分の面倒が見られなければ、他人の面倒は見られない

あなたの視界がクリアになるのは、
あなた自身の心を覗き見るときのみである。
外を見るものは夢を見、内を見るものは目覚めることができる。
――カール・ユング

今月の目標

・マインドセットジャーナルをつける。
・4つの分野で「刃を研ぐ」計画を立てる。

教え方を上達させる鍵は、振り返りである。どうして、うまくいかなかった原因も探さずに、ギャップや問題を解決することができるというのだろう？　意義のある振り返りをしなければ、教師は同じ失敗を何度も繰り返す。私たちは子供たちに、失敗に責任をもち、次はうまくできるようにしなさい、と言う。それは私たち自身にだって当てはまるはずだ。

私がしてしまった失敗について（B先生の振り返りノートより）

高校の英語教師になって1年目の自分を振り返り、かなりダメだったと自信をもって言うことができる。そう。だめ、ダメ、駄目。講義が長すぎたし、生徒たちには悪い質問ばかりしていた。もちろん、よいときもあった：盛り上がりに欠けていた『ドン・キホーテ』に関する討論を活気づけたり、感動的なホロコーストの課題ではうまく生徒たちを手伝うことができた。とはいえ、基本的には、よくて普通の教師だった。1つ誇れるのは、生徒たちと強い関係を築き、彼らの人生に深く関われたことだ。ただし、生徒たちが学習内容や、もっと最悪なことには、他の生徒たちと深く結びつく手助けは十分にできなかった。そのことについては、本当に残念だ。あれだけ情熱的にシェイクスピアや『アラバマ物語』、それになんていったって、難しい単語にまで取り組んだというのに、ほぼ、生徒たちからは同じ情熱が返ってこなかった。

一体、何を間違ったというのだろう？「全部」は言い過ぎだろうか？　その年で私は教師を辞めて司書教諭となり、その後の数年間は、家で子供たちを育てながら教育に関連した執筆活動やコンサルタントをして過ごした。そうして、末っ子が学校へ行く年齢になり、私も教師に戻るにあたって――そして、ちょっと賢くなって――やることリストを作成してみた。

1．口を閉じる。誰も私の話なんて聞きたくないのだ。生徒たちは、探究し、分析し、創造したがっている。彼らは、自分たちで考えたいのであって、黙って座り私がくどくどと喋るのを聞いていたいのではない。

2．評価尺度は忘れる。これについては、最初から悩みの種だったため、清々しい気分だ。点数をつけたり、私にすらよく分からない練習問題をやらせるのは嫌だったし、生徒たちを押さえつけているような気がしていた。そのかわり、もっと意味のある課題を与えたり、その完成度や足りていない部分を分かりやすく評価することで、生徒たちの成長を促したい。

3．生徒たちの自主性に任せる。私が最も違和感を覚えたのは、ほぼ一人前の人間にトイレに行く許可を与えることだった。ルールが大事なのは理解できるが、これはちょっと行き過ぎだろう。トイレに行くことを許可した生徒で、1人だけうそをついて教室を出る口実に使っていた生徒がいた。でも、はっきり言って、もし、私自身、私が永遠とつまらない話をするのを聞かなければならないとすれば、やはり同じように嘘をついて授業をサボったと思うのだ。それなら受けて立とうではないか。学習にせよ、トイレ休憩にせよ、生徒たちの自主性に任せたい。私が考えた新しい作戦はこうだ：夢中になれる授業ができれば、彼らは偽の尿意をもよおさない。

4. 選択問題はやらない。おお、いやだ。これまで生徒たちにやらせてきたテストの選択問題を思い出すだけで我ながら嫌気がさす。今なら生徒たちの理解度を確認するよい方法をいくらでもリストアップすることができるのに。ちなみに、その中に選択問題は微塵《みじん》も含まれていない。

5. 教えることではなく、学ぶことに集中する。1年目は、自分が教えることにばかり気をとられ、生徒たちが学んでいることについてはあまり考えていなかった。生徒たちと関係を築き、彼らのことを心から大切に思っていたときでさえ、生徒たちにとってオーセンティックな学びの役に立つことができていなかったのである。

過去を振り返って、いかに自分が生徒たちをがっかりさせてきたかを考えるのは気分がいいかって？　そんなことはない。でも、まったく振り返ろうとしないよりはずっとマシだと思っている。教師として、振り返りは重要だし、避けるべきことではない。私たちは、常に自分たちを監視する必要がある。なぜなら、教師とは重要かつリスクが大きい職業だからだ。確かに、私は教師1年目に数多くの失敗をしたが、それでも、自分も生徒たちも大事だからこそ、失敗を振り返り、どうすればそれらを繰り返さずに済むか考えたい。思うに、振り返る時間を少しでも多くもち、過去の失敗を認められれば、どの教師だって、よい教師（私の場合は痛々しいほど普通）から素晴らしい教師になれるはずだ。

あなたの1年の成長を振り返る

「私たちは、経験から学ぶのではなく、経験を振り返ることで学ぶのである」と有名な教育改革者のジョン・デューイは言った。自分の成長的マインドセットを強化し、子供たちの成長的マインドセットを育むのにどっぷりとつかって、1年が経とうとしている今、次はプロセスについて深く考える番だ。あなたがうまくできたことは？　どんな失敗をした？　これから説明するジャーナルの書き方を使って、成長志向の学級づくりのプロセスについて深く振り返ってみよう。

素晴らしい教師は、日常的に振り返りをする習慣がある。振り返りを通して、授業のどこがうまくいき、どこを微調整する必要があるか、あるいは、次からは完全にやらないことにするか、また、授業についてこられない子供たちにどう対処すればよいかブレインストーミングを行うことができる。さらに、日々の振り返りよりもっと先では、年度の終わりに、自分の教え方を包括的に振り返ることが重要だ。次のマインドセットジャーナルは、あなたの教え方と子供たちの学び方が成長的マインドセットによってどのように変わったか具体的にイメージしやすくなるように作った。このマインドセットジャーナルを使うには、いくつかの、または、全ての質問やトピックの答えを書き込んでもらいたい。ただし、ただ淡々と答えないこと！

じっくりと考え、質問を何度か読み返し、来年度の学級で、よりうまくマインドセットを教えるのに活かせるようにしてほしい。

では、早速それぞれの質問やトピックを見ていこう。

マインドセットジャーナル

スタート時のあなたのマインドセットについて書こう。

成長的マインドセットの人を思い浮かべよう。それはどんな人だろう?　彼はどんな生き方をしている?

学級に成長的マインドセットを取り入れる方法を実践したとき、最初に直面した問題は?

マインドセットジャーナル

最初の頃の子供たちのマインドセットはどうだった?

マインドセットについて学ぶ子供たちの反応は?

授業中、子供たちから出た質問について書こう。

マインドセットジャーナル

成長的マインドセットを反映するために教室で変えたところについて書こう。

成長志向の学級にするために保護者に協力してもらったことは?

あなたのお気に入りの成長的マインドセットの資料について書こう。

マインドセットジャーナル

子供たちに脳の可塑性について教えた結果、起きたことについて書こう。

子供たちの脳を鍛えるために教室で実践したことについて書こう。

メタ認知に対する子供たちの反応について書こう。

マインドセットジャーナル

成長的マインドセットになる方法を実践してみて、学校での人間関係によい変化はあっただろうか?

この1年で出会った固定的マインドセットの人を思い浮かべよう。その人に対するあなたの反応は?

成長的マインドセットになる方法を使ったことで、保護者たちとの関係にはどんなよい変化があった?

マインドセットジャーナル

この1年であなたが子供たちに挑戦させたことについて書こう。

全員にとって公正な学級にするために、あなたが実践したことについて詳しく書こう。

あなたが指導方法を個別化するために使った方法について詳しく書こう。

マインドセットジャーナル

あなたが個別化するために使った方法の改善点はどういうところだろう?

子供たちの情熱に火をつけるためにあなたがしたことについて書こう。

どの方法で子供たちに高い期待を設定し、どうやってそれを本人たちに伝えた?

マインドセットジャーナル

成長的マインドセットを学んだことで、子供たちに対する褒め方は変わった?

成長的マインドセットを学んだことで、子供たちに対するフィードバックの仕方は変わった?

子供たちは、お互いへのフィードバックにどのように取り組んでいた?

マインドセットジャーナル

子供たちのやり抜く力を鍛えるためにあなたがしたことについて書こう。

子供たちにとって、目標の設定はどのように役に立った?

失敗を当たり前として捉えられる教室づくりのために、あなたが努力したことは?

マインドセットジャーナル

この1年で起きた、失敗が学ぶ機会となった出来事について詳しく書こう。

挫折を味わった子供たちを立ち直らせるのに一番よかった指導方法について書こう。

あなたが生産的失敗を取り入れるために実践した方法について書こう。

マインドセットジャーナル

あなたが実践した、「まだ」の原理を取り入れる方法について書こう。

本書を読んだ後、あなたは形成的評価に対するアプローチをどんなふうに変えた?

本書を読んだ後、あなたは総括的評価に対するアプローチをどんなふうに変えた?

マインドセットジャーナル

子供たちに取り組ませた「知識を活用できる」課題について書こう。

全体を通して、成長的マインドセットはどんなふうにあなたの教え方を変えた?

1年の終わりに、子供たちのマインドセットにはどんな変化があった?

マインドセットジャーナル

成長的マインドセットの訓練は、子供たちの学習の旅にどんな影響を与えるだろう?

成長的マインドセットの旅であなたを助けてくれたのは誰だろう?　彼らは、あなたをどんなふうに助けてくれた?

効果的な教師になるための年度末の習慣

ベストセラー『完訳　7つの習慣　人格主義の回復』で、著者のスティーブン・コヴィーは自分を大切にすることを婉曲《えんきょく》して「刃を研ぐ」と表現している。普遍的な「7つの習慣」の中に、「刃を研ぐ」ということが含まれている理由は、人生で成功するには「あなたにとって一番の財産――つまり、あなた自身――を磨き、守ること」が重要だからだと言う。[※97]

たしかにそれはもっともである。なぜなら、今月のマントラのとおり、私たちはまず自分たちの面倒が見られなければ他人の面倒は見られないからだ。とはいえ、学期中はどうしても子供たちのことを考えるので手いっぱいになってしまい、自分たちのことは後回しにしてしまいがちだ。1年中ずっと自分の面倒も見られるに越したことはないが、教師は、1年の大半を「与える」モードで過ごしているため、そうもいかないのである：時間、お金や愛情を与え、自分を頼ってくる人たちに注意を向け、1日の終わりには刃を研ぐための砥石《といし》が完全にすり減ってしまっている。だからこそ、休みの間に刃を研ぐことが重要なのだ。コヴィーは、刃を研ぐ必要がある分野は4つあると言う：身体、社会性・情緒、知性、精神だ。

「たまたま気分がよくなるなんていうことはない。意識的な努力もせずに、ただ指をパチンと鳴らしただけで気分をよくすることなんて無理である。バランスのとれた人生を送るには、自

分自身を回復させる時間が必要だ。つまり、全てはあなた次第なのである」とコヴィーは書いている。[※98]

1年間必死に働き、ようやく手に入れた、リラックスして自分を回復させる時間として、年度末以上にピッタリな時期があるだろうか？　もちろん、自分を労わるのは休みの間だけでなくてもよい。この機会に、1年を通して実践できる、心と身体を癒やすポジティブなセルフケア習慣を身につけよう。

どんなに小さな努力でも、バランスのとれたセルフケアと自分を磨く習慣は、あなたの幸福と成功にとって重要だ。この年度末に自分のために時間を使えるうちに、健全なセルフケアの習慣を身につけよう。学校が始まってしまうと、なかなか思うように時間が取れないこともあるかもしれない。もしそうなったとしても、気分よくバランスのとれた生活をするための習慣を実践する方法を、いつでも模索するべきだ。

身体を磨く

教師とは、肉体的な負担が多い職業だ。常に動いていなければならない――教室の中を歩き回り、子供たちと話すために身をかがめ、廊下を行き来する。じっとしていることはまずない。1日の終わりに心も身体も疲れ切った状態で、その上さらに運動しようという気にはなれないかもしれない。とはいえ、運動は心身にとてもよいことが分かっている。気分を上げ、その結果、活力を養い、睡眠の質を高め、健康全般を改善するだけでなく、楽しい。そう、運動は楽しいのだ！

身体的側面で刃を研ぐには、運動、健康的な食事と十分な睡眠が必要だ。あなたは、大人に必要な睡眠時間は7～9時間だということを知っていただろうか？　学期中は、そんなに長い時間眠るなんて夢でしかあり得ないように思えるかもしれない。そこで、年度末こそポジティブな睡眠習慣を身につけるよい機会だ。運動、健康的な食習慣と睡眠を生活に取り入れる方法を紹介しよう…

散歩する（または走る）　Fitbitや万歩計を買い、休みの間、1日1万歩は走るか歩くようにする。これなら、ジムの会員になる必要も、特別な運動器具もいらない。インターネットにいくつもあるポッドキャストの中からお気に入りを探せば、運動と楽しみが1つになったように感じられるだろう。

ヨガをする　ヨガは元気を回復させるのにピッタリの運動方法だ。頭はすっきりし、身体は鍛えられる。ほとんどの人が、自分にとって安全で効果的なヨガを実践することができる。その上、クラスを受講する必要もないのだ！　YouTubeには、ヨガの無料動画がいくらでもある。

庭で野菜などを作る　ガーデニングは、運動と健康的な食事の両方にとってよい。雑草取りをしたことがある人なら、それがどれだけ重労働か分かるはずだ。庭で野菜などを育てるのは、運動と健康的な食事を習慣として確実に取り入れるのにとてもよい方法である。庭の手入れをすることでよい運動になるし、採れた野菜や果物で健康的な食事ができる。

ゆっくり寝る　休み中は、早い時間に寝る、遅くまで寝る、それに、昼寝もしよう。これまで足りていなかった睡眠を取り戻す必要があるはずだ。睡眠は健康と幸福にとって必要不可欠であるにもかかわらず、学期中はなかなかゆっくり寝ることができない。だからこそ、休みの間は少しだけ寝だめしてもよいだろう。それどころか、1日中パジャマのまま過ごす日があったっていいくらいだ。

ダンスクラスに参加する　他に、キックボクシングのクラスでも、スピンクラスでも、太極拳のクラスでもよい——何でもよいので、とにかく体を動かそう！　夏休みなどは水泳でもいいかもしれない。教師は、なかなか教わる立場になることがないが、運動のクラスに参加することで、健康を向上させるのと同時に生徒役を味わうのもよいだろう。

社会性・情緒を磨く

心の健康の管理は、身体の健康の管理と同じくらい重要だ。家の戸を閉めて、3週間外に出ずに過ごせれば簡単（それに望ましくもある）ではあるが、おそらく、長い目で見るとあまりよくないだろう。社会的・情緒的側面を回復させるということは、素敵な人たちと出会い、情緒を安定させることに取り組み、学期中は後回しにしている友情や人間関係を深めるということだ。社会的・情緒的側面を磨く方法をいくつか紹介しよう。

ブッククラブに入る　他にも、あなたが興味のある集まりなら何でもよい。チェス、ウエイトリフティング、切手収集など、何の集まりかではなく、同じことに情熱を燃やす仲間と一緒に興味のあることに取り組むことが重要だ。

ボランティア活動に参加する　ボランティア活動は、魂を満たすとてもよい方法だ。あなたが住む地域にも、ボランティアの機会がたくさんあるはずだ。子供に関わる活動もよいが、大人や動物、環境に関わる活動に参加することで、普段の子供たちとの日常とは少し違う経験をするのもよいだろう。

友達とコーヒーを飲みに行く　ワインでもいいが、とにかく休みの間は定期的に大好きな友達と集まる機会をつくろう。気の置けない友達と夕食を囲んでの大笑いは格別だ。

セラピーを受ける　トークセラピー（会話療法）、アートセラピー（絵画療法）、リテイルセラピー（買い物でストレス発散する）、マッサージセラピーなど、どのセラピーでも、緊張をほぐし、気分を上げるのに役に立つはずだ。

知性を磨く

分かってる分かってる――1年中ずっと知性を追究し続けたのだから、休憩させてくれ！　それが、実は知性の刃を磨くのは休んではいけないらしいのである。とはいえ、新しいことを考えたり追究したりするのに、教育は関係していてもいなくてもよい。

クラスに参加する　新しいことを学び、教わる立場を楽しもう。生徒の立場になることで、新しい教え方のヒントが得られるかもしれない。

本を読む　読書は学習と成長、リラックスを同時にするのにとてもよい方法だ。読みたいのに読む時間がない本のリストがあるのではないだろうか？　休み中は、気になっていた本を読むのにピッタリだ！

教える　そう、「教える」である。教えることは知性を磨く素晴らしい方法である上に、すでにあなたはそのプロだ！　ワークショップやセミナーなどで教えることを検討しよう。教師には、休みの間、同僚やその他の仲間たちに、自分がやってみてよかった教え方を共有する機会が数多くある。ぜひ、それを利用しよう！

感謝の日記をつける　書く時間をつくろう！　紙に書く（あるいはキーボードを打つ）という行為には、心と向き合わせる不思議な力がある。あなたの人生や経験、感謝していることについて――何でもよいので――書いてみよう。とにかく書く！　日記は、気分を盛り上げ、知性の刃を研ぐことが分かっている。

精神を磨く

コヴィーが4つめに挙げているのが精神的側面だ。心が穏やかなときは、自分の価値や信念、気持ちについて効果的な振り返りを行うことができる。祈る、瞑想《めいそう》する、または他の方法で振り返るにせよ、重要なのは、意識的に自分の心を落ち着け、その内側に目を向けることだ。たった10分間、静かに集中して振り返りを行うだけで、どれだけ精神状態に影響するかが分かったら、きっと驚くことだろう。

外に出る　自然に囲まれることで、何とも言い表すことのできない、セラピーにも近い効果が得られる。静かに自然を楽しむことは、その他数少ない私たちの魂に栄養を与えてくれる行為の1つだ。文明の利器や人が少ないからだろうか。いずれにせよ、自然に囲まれることは魂にとって、とてもよいことだ。

瞑想する　多くの人にとって、瞑想はとても神秘的な体験だ。もし、瞑想をしたことがなければ、それに関する本や動画を探してみるとよい。じっと座り、身体の力を抜き、呼吸に集中し、心を解き放ち、魂を内側と外側の双方から慰めよう。

礼拝に参加する　多くの人にとって、精神とは宗教によって磨かれるものだ。地域の教会、モスク、礼拝堂などで行われている礼拝に参加してみよう。新しい視点をもつために、いくつかの宗教の考えを参考にしてみるのもよいかもしれない。

芸術作品を作る　アートでも音楽でも、芸術作品を作ることで、神秘的な体験ができることもある。ただ何かを作るというだけでも、手元の作業だけに集中する時間と空間が生まれ、心の中に潜む意欲や欲望が見えてくるかもしれない。

＊＊＊

刃を研ぐということは、自分の面倒を見るということだ。もしかすると、あなたにはあなたの知性や肉体、情緒、精神的側面の面倒の見方があるのかもしれないが、それならそれでよい。とにかく、自分の活力、意欲や気分を高めるのに役立つことをしよう。1年の終わりに燃え尽きたようになってしまう教師は多い。だからこそ、精神を回復させる方法を見つけることで、できるだけよい形で新しい学年を迎えることができるのである。

Chapter 12

3月

新しい1日は新しい成長の機会だ

きみは素晴らしい場所に行く！　今日はきみの日です！
きみの山は待っている、だから出発しなさい……
きみの道をね！
——ドクター・スース
『きみの行く道』

今月の目標

・固定的マインドセットに立ち向かう方法を学び、学ぶ機会をフル活用する。
・オンラインの学習ネットワークをつくる。
・役に立つ成長的マインドセットの資料を探す。

さようならを言うとき

1年の終わりは切ないものである。長く、険しい1年だった。笑い、泣き、過去12か月間、あなたの教室を居場所だと言ってくれていた面白くて個性的な子供たちと知り合い、愛するようになった。彼らを見送るのはつらく、寂しいかもしれないが、どうか自信をもってほしい。あなたは、子供たちに成長的マインドセットの力を授け、努力をすれば脳は鍛えられることを教え、今後ずっと使うことができる貴重な学習ツールをたくさん与えたのである。これらの知識は、この先、子供たちが努力を必要とすることや挑戦に直面したときに、それを失敗や力不足としてではなく、上達や成長の機会として捉えるのにきっと大いに役立つはずだ。

『マインドセット—「やればできる！」の研究—』が爆発的人気になってからというもの、中には、ややピントがずれている人たちもいることにドゥエックは気づいたと言う。学級で固定的マインドセットを「廃止」にした教師たちもいるようだったが、それでは自然に反している。誰でも固定的マインドセットと成長的マインドセットの両方をもっており、今年、あなたはあらゆる方法を使って、子供たちの成長的マインドセットを育ててきた。とはいえ、固定的マインドセットが常に存在することを忘れてはならない。固定的マインドセットを消す方法など存在しないのである。私たちにできることは、子供たちが伸びるために成長的マインドセットを使うためのツールを与えることだ。たとえば、もし私たちが誰の成長的マインドセットが「一番よい」成長的マインドセットか、などを子供たちに競わせてしまったら、それは固定的マインドセットを増長することに他ならない：「もし先生が、私の成長的マインドセットが不十分だと思ったらどうしよう⁉」「マリアは、私よりよい成長的マインドセットをもっている。彼女とくらべて私はダメな人間だ」「固定的マインドセットをもっていたら、先生にバカだと思われちゃう」

子供たちのマインドセットに影響を与える要素は、日々いくらでもある。彼らの固定的マインドセットを完全に取り除くことはできなくても、彼らが失敗に飲み込まれたり、挑戦が怖くなったり、あるいは、自分にはできない、生まれつき向いていない、知能が足りない、などと考えないようにするための方法を伝えることならできるはずだ。とはいえ、人の信念を変えるためには、条件が揃っていなければならない。私たち教師が能力を称賛し、パフォーマンス・タスクばかり求め、失敗や挫折を抑圧し続ける限り、どうやって子供たちが「やればできる」という新しい信念を受け入れられるというのだろう？

子供たちを次の学年、または社会に送り出すまでに、彼らが一生使うことができる、障害や挑戦を乗り越える手助けとなるツールを与えておきたい。また、それを授ける過程で、あなた自身も成長的マインドセットを育て、強化できたことだろう。

学習モードに切り替える

ほとんどの教師は、春休みだからといって本当に休んだりしない。カリキュラムを考えたり、会議に出席したり、補講授業で教えたり、来年度用に授業内容を一新したりして過ごしているのである。誤解している人たちから、先生は休みが多くていいよね、などと言われることもあるが、よい教師は3か月〔アメリカの年度末休暇は3か月〕どころか3時間だってよりよい教師になる方法を考えずに過ごすことはない。学校の最終日には、多くの教師が教えるモードから学習モードにそのまま突入する――学期中は読む時間がなかった本を読みまくる、教育に関するものや教師としての腕を上げるのに役立つクラスを受講する、カンファレンスや研修に参加する、新たな資格を取得するなど。その間も、教師以外の仕事をしている人たちからは、なんて楽な仕事なんだと絶えず嫌味を言われ続けるのである。確かに、教師にとって、休み中はリラックスし、自分を回復させるのも重要ではあるが、同じように、慌ただしい学期中にはなかなかできない学習にも取り組むべきだ。

マインドセットの旅を続けるにあたり、休みの間も成長的マインドセットを意識的に使い、鍛え続けたい。マインドセットについては、様々な資料を参照することで、あなた自身の成長的マインドセットを鍛え、子供たちの成長的マインドセットを育てるのに役に立つ方法を見つけることができるだろう（ヒント：この章の終わりのリストを見て！）。また、普通のやり方でマインドセットについて勉強する以外にも、日常生活におけるありとあらゆる場面でマインドセットの力が試される状況があるため、その都度、成長的マインドセットを鍛えることができる。

『マインドセット――「やればできる！」の研究――』で、ドゥエックは、毎日が己を育て、他人が育つ手助けをする機会に溢れていると言い[※99]、成長するチャンスはその都度逃さないように、しっかりと掴むことが大事だと書いている[※100]。また、成長的マインドセットの人には、成長し、変わるチャンスだと感じられているのに対し、固定的マインドセットの人はどうにか避けようとする状況が5つあると言う。それが、挑戦、障害、努力、批判、他人の成功だ[※101]。これらの状況に成長的マインドセットでアプローチする方法を考え、それを休みの間に実践しよう。

たとえば、休み中に受講することにした研修コースがものすごく大変だとする。コースを受講中に、ドゥエックが言う5つの状況が起きたとして、それぞれを固定的マインドセットと成長的マインドセットの視点から見てみよう（次ページ表）。

せっかくの学習の機会に固定的マインドセットで取り組むと、イライラ感や嫉妬を感じる、匙を投げるなどの結果に終わることが多い。ところが、成長的マインドセットで新たに難しいことに挑戦することで、視野を広げ、新しい人と出会い、知識を増やすことができる。学習面で新しい挑戦に直面したときは、成長的マインドセットを使い、最大限に効果が得られるよう

状況	固定的マインドセットの声	成長的マインドセットの声
挑戦: クラスの1日目で、思っていたより難しい内容のコースだということに気づいた。	「やーめた！　私に用事がある人は、コンフォートゾーンにいるから、そっちに来てね」	「試す価値はある！　最悪でも少しは何か新しいことを学べるはず」
障害: まずい、1つめの課題がすごく難しい。	「みんながうまくできるとは限らないしね」	「うわっ。思っていたより大変そう。このコースのためにもっと時間を使えるよう、予定を組み直した方がよいかもしれないな」
努力: 新しい概念やスキルを必要とする大きい課題が出た。	「やれるところだけやって、あとは適当にするか。大して役に立たないことにそこまで頑張る必要もないわ」	「かなり努力する必要がありそうだけど、この概念とスキルを身につけることができれば、きっと新しい扉がいくつも開く気がする」
批判: 課題のやり方を講師に批判された。	「講師の意見なんてどうせあんまり気にしてなかったし。それに、彼女、私のことを一目見た瞬間から嫌ってたもの」	「講師の言うことはもっともだわ。授業の後、少し話す時間を取ってもらえないだろうか？」
他人の成功: ティーナはAだったのに、自分は違った。	「そりゃ、ティーナはAでしょ。でも楽勝でもなかったみたい。あんなに必死になって課題をやっているところを見ると、きっと大して頭がよくないのね」	「すごい！　ティーナの課題は面白くてとてもよく考えられてた。次の課題の前にいろいろと教えてもらわないと。ためになることをたくさん学べるはず」

にしよう。

　また、固定的マインドセットに捕らわれて困っている人がいたら、助けてあげてほしい。ほんの少し違う方向に目を向けさせてあげるだけで、状況がガラリと変わることがある。

　ある友人は、大学のある講義で、受講している学生たち全員がクラスの前でプレゼンテーションをするという期末試験を体験したという。プレゼンテーションは、学期を通して取り組んできた調査に関するもので、もち時間は一人15分と決まっていた。すでに10人のプレゼンテーションが終わり、あと6人というときである。すでにかなり長い時間が経過しており――彼女が思っていたよりもずっと――彼女は、他の学生のプレゼンテーションを聞きながら、自分でも機嫌が悪くなっていくのが分かったという。そして、隣に座っていた学生の方へ身を寄せ、次のような愚痴をこぼした：「いい加減、早く帰りたいね。みんな、急いでくれないかしら」すると、その学生はプレゼンテーションから目を離すこともなく、小声でこんなふうに言ったという：「でも、すごくためになるよ！　とくに、あなたのプレゼンテーションはすごく勉強になったわ」

　この一言に、友人はハッとさせられたという。自分の気の短さと、せっかくの学習の機会に対する無関心さを恥ずかしく思ったそうだ。そして、気を取り直すと、態度を改め、プレゼンテーションに集中した。すると、新しく、面白いことを学べたという。固定的マインドセットを追い払うには、軽く戒《いまし》めるだけでよい場合がある。もし、周りの人が固定的マインドセット

固定的マインドセットの声	成長的マインドセットの反応
「やーめた！　私に用事がある人は、コンフォートゾーンにいるから、そっちに来てね」	「待って、行かないで！　難しいかもしれないけど、一緒にやればできるよ」
「みんながうまくできるとは限らないしね」	「諦めずに頑張れば、やってよかったって思えるはずだよ」
「やれるところだけやって、あとは適当にするか。大して役に立たないことにそこまで頑張る必要もないわ」	「その頑張りこそが大事なんだよ。できるようになるためには努力が必要なんだ」
「講師の意見なんてどうせあんまり気にしてなかったし。それに、彼女、私のことを一目見た瞬間から嫌ってたもの」	「彼女はプロだよ！　もし、本当に嫌われていると思うなら、直接聞いてみたら？」
「そりゃ、ティーナはAでしょ。でも楽勝でもなかったみたい。あんなに必死になって課題をやっているところを見ると、きっと大して頭がよくないのね」	「ティーナ、頑張っててすごいよね。次は同じグループに誘ってみよう。きっと、彼女からたくさんのことを学べるはず」

のせいで貴重な学習の機会を逃していたら、上の表のように、成長的マインドセットを使って、その人が別の視点で考えられるよう手伝ってあげよう。先ほどの、「休み中に受講することにした研修コースがものすごく大変だった」という設定を使い、固定的マインドセットの声に成長的マインドセットの声で答えてみてほしい。

自分を「生涯学習者」と呼ぶ教師は多い。教育における基準や教え方は常に変化するため、教師にとって、柔軟性や成長できることはとても価値のある資質だ。ところが、その他多くの職業がそうであるように、新しい教え方を拒み、毎年まったく同じ授業内容を繰り返し、研修や勉強会があると不平不満を口にする固定的マインドセットの教師も数多くいる。あなたも、そういった教師に出くわすことがあるだろう。そのときは、彼らが変わる手助けをしてあげてほしい。鍛え抜かれた成長的マインドセットは、失敗や力不足を恐れずに、新しい挑戦に立ち向かうためのツールを用意するだけでなく、なかなか変われない人を助ける力も与えてくれる。失敗や力不足に対する不安というのは、とても大きい感情だ。だからこそ、人は固定的マインドセットに陥ってしまうのである。苦しんでいる同僚がいたら、改めて成長的マインドセットの視点から状況を見られるようにしてあげよう。ほんのちょっとしたことで、逃していたかもしれない機会を捕まえることができるかもしれない。

#GROWYOURPLN（あなたのPLNを広げる）

今の教師は、画一的な教員研修で満足していてはいけない。なぜなら、インターネットには数多くのパーソナル・ラーニング・ネットワーク（ＰＬＮ）が存在するおかげで、１人１人が自分たちの学びの師になれるからだ。ＰＬＮとは、考えを共有し、協力し合い、仕事の話などを通してお互いを高め、活気づける仲間のことである。

「学区の教員研修も有意義ではありますが、短時間で終わってしまうので、強化する機会がないと忘れてしまいやすいです」とイリノイ州ホフマン・エステーツのジェームズ・B・コナント高校で英語教師を務めるジョーダン・カタパーノは言う。彼は、教師の仕事にTwitterを有効活用している。「ソーシャルメディアは、学習の幅を広げる鍵です。他の教師や出会った講演者たちとつながり、関係を保ったり、有意義な資料や教材、教育関連の話題を見つけることができます[※102]」

FacebookやTwitterなどのソーシャルメディアを利用して人とつながりたい教師にとって、インターネットは貴重な財産である。とくに、TwitterはPLNを広げ、資料を共有したり、似た考えをもつ他の教育者たちと話したいと思っている教師たちに爆発的な人気を誇っている。

成長的マインドセットの教師は、教え方のレパートリーを増やし続けるために、常に新しい考えや視点、意見に目を光らせている。カタパーノがTwitterのアカウントを作った当初の目的は、いかにソーシャルネットワーキングサービスが時間の無駄かを生徒たちに伝えるためだった。ところが、Twitterで他の教師たちが有意義な会話を交わし、資料を共有し合っているのを見て、すっかりハマってしまったと言う。

「Twitterのおかげで学校のリーダー的存在になれました」とカタパーノは言い、次のように続けた。「ソーシャルメディアによって知り得た最先端の教育論や教育実践を同僚たちに伝えています。Twitterで、成長的マインドセット、Google Classroom、標準準拠評価、最近の教室環境、ソーシャルブックマーキングなどの新しい概念やツールについて学びました。ソーシャルメディアがなければ知ることはなかったでしょう。今は、学んだことを学級に取り入れ、他の人たちにも教えることができています※103」

あまり詳しくない人たちのために説明すると、Twitterとは、ユーザーが140字以内でメッセージを投稿するタイプのSNSである。多くの教師が、他の教師とつながり、考えを共有し、ハッシュタグを使ってお互いと出会う場としてTwitterを使うようになった。ハッシュタグとは、探しているトピックに関連する話題を検索するときに使う単語のことだ。たとえば、#engchatは英語教師に人気のハッシュタグである。他にも、自分と同じ分野の教師がよく使っているハッシュタグのリストをオンラインで検索することができる。アカウントを作ったら、様々なことを学ばなければならない、つまり、成長的マインドセットを使って、Twitterに慣れてリズムがつかめるようになるまで試行錯誤する必要があるだろう。興味深い考えや記事、画像などを投稿しているユーザーを見つけたら「フォロー」するとよい。そうすることで、その後、そのユーザーの投稿は自動的にあなたのアカウントのフィードに次々と表示されるようになる。

「質問があるときは、座っている椅子ごとくるりと回って、英語教員室にいる他の教師に聞きます」とカタパーノは言う。「でも、そもそも教員室には数人しかいないので、他の教師が答えられなかったり、十分な回答が得られなかったら？　ソーシャルメディア上にPLNがあれば、『椅子ごとくるりと回って』聞ける教師が何千人もいるのと同じです※104」

教師のためのソーシャルネットワーク	
Twitter	他の教育者をフォローする、140字以内のツイートを投稿する、興味深い記事のリンクを投稿する、教育関連のテーマについてやりとりをするなどができる。(リンク:www.twitter.com)
Facebook	様々な教育者による多彩なテーマのFacebookグループに参加することができる。教育内容や学年、成長的マインドセットのような教育的概念ごとにグループがある。(リンク:www.Facebook.com)
ピンタレスト	記事やウェブサイト、画像、ブログのリンクを「ピン」して公開する。教師のユーザーも多い、ビジュアル中心のソーシャルメディアだ。(リンク:www.pinterest.com)
Google+	あの大手インターネット企業のGoogleによるソーシャルネットワーキングサービスである。教育機関向けアカウント用のGoogleアプリからたどりついた、熱心な教師のユーザーが多い。また、Google+のハングアウト機能を使って動画で他の教師たちとつながることもできる。(リンク:www.plus.google.com)〔Google+の個人利用は2019年8月をもって利用停止が発表されている。法人利用は今後もできる〕
YouTube	YouTubeは、教師の専門能力の開発に便利だ。数えきれないほど多くの教育技術に関するヒントや解説動画を見つけることができる。他にも、教師のための動画やブイログ〔ブログを動画で投稿したようなもの〕など、たくさんの資料が揃っている。チャンネルを登録したり、コメントを残したり、他の教師とつながることもできる。(リンク:www.youtube.com)

成長的マインドセットは、Twitterでも教師たちに人気の話題だ。#growth-mindsetで検索すれば、実際にどんなふうに教室で成長的マインドセットを実践しているかを呟いている教師が大勢いることが分かる。あなたが興味をもっているのが成長的マインドセットであれ、それ以外の教え方や教育に関することであれ、ソーシャルメディアには、必ずそのことを話題にしている人がいるはずだ。もし見つからなければ、あなたから発信すればいい。表に、

ＰＬＮをつくるのに便利なソーシャルメディアをまとめた。すでに個人アカウントをもっているものもあるかもしれないが、今後は、それらもあなたのＰＬＮを広げるのに役に立つ資料リストに追加しよう。

成長的マインドセットとは、学習と探究に終わりはないと信じることだ。教師にとって、今以上に多種多様な視点や考え方についての情報が手に入る時代はかつてなかった。休み中は、ＰＬＮを広げ、新しいことを学ぶためにも、教師という立場でソーシャルネットワーキングサービスをどんどん活用しよう。

あなたの成長的マインドセットを鍛える

もし、成長的マインドセットを気に入ったのなら、より詳しく学ぶのによい資料がたくさんある。ドゥエックが提唱した素晴らしいこの概念は、動機づけや神経学、行動科学に基づいている。子供にも大人にも同じように使うことができ、人生のあらゆる側面で役に立つ。最後に、とくにおすすめの成長的マインドセットに関する資料のリストを載せておこうと思う。これらの資料は、マインドセットについて、様々な考え方や意見を絶えず供給してくれるオンラインコミュニティと並行して私たちが日常的に使うことで、新しいことに目を向けさせてくれることだろう。

本

"Better by Mistake: The Unexpected Benefits of Being Wrong" by Alina Tugend (Riverhead Books, 2011)

『ブレイン・ルール―脳の力を１００％活用する―』ジョン・メディナ著、小野木明恵訳（日本放送出版協会、２００９年）

『未来のイノベーターはどう育つのか―子供の可能性を伸ばすもの・つぶすもの―』トニー・ワグナー著、藤原朝子訳（英治出版、２０１４年）

『ＣＲＥＡＴＩＶＥ ＳＣＨＯＯＬＳ―創造性が育つ世界最先端の教育―』ケン・ロビンソン、ルー・アロニカ著、岩木貴子訳（東洋館出版社、２０１９年）

『モチベーション３・０―持続する「やる気！」をいかに引き出すか―』ダニエル・ピンク著、大前研一訳（講談社、２０１０年）

"The Gift of Failure: How the Best Parents Learn to Let Go So Their Children Can Succeed" by Jessica Lahey（Harper, ２０１５年）

『やり抜く力―人生のあらゆる成功を決める「究極の能力」を身につける』アンジェラ・ダックワース著、神崎朗子訳（ダイヤモンド社、２０１６年）

『成功する子　失敗する子―何が「その後の人生」を決めるのか―』ポール・タフ著、高山真由美訳（英治出版、２０１３年）

『脳が認める勉強法―「学習の科学」が明かす驚きの真実！―』ベネディクト・キャリー著、花塚恵訳（ダイヤモンド社、２０１５年）
"*Mathematical Mindsets: Unleashing Students' Potential through Creative Math, Inspiring Messages, and Innovative Teaching*" by Jo Boaler and Carol Dweck (Jossey-Bass, 2015)
『マインドセット―「やればできる！」の研究―』キャロル・ドゥエック著、今西康子訳（草思社、２０１６年）
"*Mindsets in the Classroom*" by Mary Cay Ricci (Prufrock Press, 2013)
『天才！　成功する人々の法則』マルコム・グラッドウェル著、勝間和代訳（講談社、２００９年）
『超一流になるのは才能か努力か？』アンダース・エリクソン、ロバート・プール著、土方奈美訳（文藝春秋、２０１６年）
『習慣の力』チャールズ・デュヒッグ著、渡会圭子訳（講談社、２０１３年）
『人生を成功させる７つの秘訣』スティーブン・コヴィー著、日下公人、土屋京子訳（講談社、１９９０年）
『あなたの生産性を上げる８つのアイディア』チャールズ・デュヒッグ著、鈴木晶訳（講談社、２０１７年）
『才能を伸ばすシンプルな本』ダニエル・コイル著、弓場隆訳（サンマーク出版、２０１３年）

『究極の鍛錬―天才はこうしてつくられる―』ジョフ・コルヴァン著、米田隆訳（サンマーク出版、２０１０年）
『ファスト＆スロー（上）（下）』ダニエル・カーネマン著、村井章子訳（早川書房、２０１２年）
『教師の勝算―勉強嫌いを好きにする9の法則―』ダニエル・T・ウィリンガム著、恒川正志訳（東洋館出版社、２０１９年）
『人を伸ばす力―内発と自律のすすめ―』エドワード・L・デシ、リチャード・フラスト著、桜井茂男訳（新曜社、１９９９年）

ＴＥＤトーク・動画

"Brain Science"（YouCubed.org）
『成功のカギはやり抜く力』（ＴＥＤ、アンジェラ・ダックワース、２０１３年4月）
"The Power of Belief" by Eduardo Briceno（TEDxManhattanBeach、２０１２年11月）
『必ずできる！―未来を信じる「脳の力」―』（TEDxNorrkoping、キャロル・ドゥエック、２０１４年11月）
『あなたは何でも学ぶことができる』（カーンアカデミー）

ウェブサイト

Mindset Online――www.mindsetonline.com（キャロル・ドゥエックのマインドセットに関

するウェブサイト）
Mindset Works——www.mindsetworks.com（キャロル・ドゥエックとリサ・ブラックウェルが立ち上げたマインドセットを鍛えるウェブサイト）
The Character Lab——www.characterlab.org（アンジェラ・ダックワースが立ち上げたウェブサイト）
Mindset Kit——www.mindsetkit.org（PERTSによるマインドセットの無料オンラインレッスンが豊富に揃っている）
YouCubed——www.youcubed.org（数学におけるマインドセットの研究についてのジョウ・ボーラーのウェブサイト）
The Mindset Scholars Network——mindsetscholarsnetwork.org（研究に基づいたマインドセットの情報に関するウェブサイト）
Mindshift——www.kqed.org/mindshift/（最初のマインドセットに関する報告を発表したウェブサイト）

記事・論文

"Carol Dweck Revisits the 'Growth Mindset'"（"Education Week" May 7, 2016）
"Fluency without Fear: Research Evidence on the Best Ways to Learn Math Facts" by Jo Boaler（YouCubed.org）

"How Not to Talk to Your Kids," by Po Bronson ("New York Magazine" August 3, 2007)
"Praise for Intelligence Can Undermine Children's Motivation and Performance," by Claudia M. Mueller and Carol S. Dweck ("Journal of Personality and Social Psychology" 1998)
"The Secret to Raising Smart Kids," by Carol S. Dweck ("Scientific American" January 1, 2015)

おわりに

私たちと一緒にマインドセットの旅をしてくれたみなさん、ありがとう。本書を通じて、あなたが、今後のあなた自身と子供たちをはじめ、あなたの学校にとって、有用な方略や考え方を学べたことを祈っている。

中でも、私たちの一番の願いは、あなたが同僚や仲間たちに成長的マインドセットの仕組みや原理を伝えてくれることだ。子供は努力をすることで、才能や技術、能力を高められると教師が心から信じ、それを子供たちにも信じさせることができれば、成長的マインドセットの根をより深く張ることができるだろう。成長的マインドセットはあなたを通じて未来のリーダーたちを育て、彼らが障害や挫折を乗り越えられるよう手助けし、学習と成長の炎を燃やし、そのさらに次の世代の子供たちにも力を与えるはずだ。

成長的マインドセットについて詳しいことが知りたければ、ぜひ、私たちのウェブサイトを見てもらいたい：www.thegrowthmindsetcoach.com

謝辞

まずは、『マインドセット学級経営』が誕生するきっかけとなったキャロル・ドゥエック氏と彼女の同僚の皆様に感謝を述べなければならない。画期的な大発見を惜しみなく世間に発表し、私の教え方、学び方、さらには生き方まで変えていただき、本当にありがとうございました。

同僚、よき理解者で友人のヘザー・ハンドレーにも感謝したい。あなたの教育に対する熱意と献身には大いに驚かされた。あなたのエネルギー、前向きさ、そして、常に子供たちのために最善を尽くす姿を私は心から尊敬している。共同で本を執筆するという挑戦に取り組んでくれて、本当にどうもありがとう。

意見を共有してくれたシェリー・ソファ、ありがとう。あなたは立派な教師であり、素晴らしい友人だ。オーブリー・スタインブリンク（mrssteinbrink6.wordpress.com）、あなたの成長的マインドセットの旅を私に共有してくれてありがとう。サラ・カーター（mathequalslove.blogspot.com）とジョーダン・カタパーノ（@BuffEnglish）、体験談を共有してくれてありがとう。人のために貴重な時間を割いてインターネットで意見や体験談を共有する、あなたたちのような教師全員に感謝を述べたい。

両親のギャリーとシンディー・モーリン、義理の両親のクリントとケリー・ブロック、愛情と激励、サポートを本当にありがとう。研究や執筆で忙しいときは、すぐに駆けつけてくれた。執筆中、安心して子供たちを任せることができ、どれだけ助かったことか。あなたたちがしてくれたことの全てに感謝している。

1冊の本の誕生には、実に多くの人たちが関わっていることが分かった。支えてくれたみんなに感謝を伝えたい…ジェイコブ・モーリン、スティービー・アモス、サム・モーリン、ステファニー・スウィツキー、インガ・ノードストロームケリー、エイミー・オールディハフ、クリント・コルバーグ医師、エヴェリン・コーリアーとダルトン・コーリアー、本当にどうもありがとう。

また、本書を執筆する機会を与えてくれたユリシーズ・プレスにも感謝を述べなければならない。とくに、私を支え、励まし、導いてくれたキャシー・ヴォーゲルと、きめ細やかな編集を行ってくれたポーラ・ドラゴッシュに感謝を伝えたい。

日々、私を力づけ、励ましてくれた子供たちのボディとリラ、どうもありがとう。「ママが本を書いている間、お手伝いを頑張ってくれて嬉しかったよ」。2人とも、心から愛しているからね。そして、夫で親友、さらに私の一番のファンでもあるジャレッド。私を信じ、愛し、そして、大変なときでも支えてくれて本当にありがとう。あなたは私にとってかけがえのない存在だ。

最後に、ヘザーと私から、この本を読んでくれたみなさんに感謝を伝えたい。あなたが世界に与える影響は計り知れない。あなたには、子供たちの好奇心を高め、発見を促し、情熱の火をつけ、たくさんの人生を方向づける力がある。私たちの今があるのは、子供たちにとってよりよい明日にするべく励み続けるあなたたち教師のみなさんのおかげだ。

アニー・ブロック

何よりもまず、本書の執筆の旅に誘ってくれたアニー・ブロックに心から感謝したい。素晴らしい、情熱的な作家であるだけでなく、若い人たちのために日々惜しみなく注力している。また、多くの素晴らしい子供たち、教師たち、教育者たちや教授たちと一緒に仕事をしてこられたことには感謝をしてもしきれない。どの人も（多すぎて全員の名前を挙げるなんて不可能だ）私の人生に大きな影響を与えてくれた。

両親のロイとキャロリン・シュロダーには、私に努力することの大切さを教え、常により高い目標をもつよう励ましてくれたことに感謝している。義理の両親のロバートとシャロン・ハンドレーには、授業があるときや執筆をしている間など、数えきれないほど何度も子供たちの世話を引き受けてもらい、いくら感謝をしても足りない。私の子供たちのアビゲイル、アディソンとアボット、母親として学び、成長し続ける私につき合ってくれてありがとう。

最後に、愛する夫のマット、いつも私を信じ、辛抱強く待っていてくれてありがとう。素晴そして、私が日々成長することができるのは、新しい挑戦に立ち向かうよう励ましてくれてありがとう。らしいアドバイスをくれ、論文や本の編集に膨大な時間を費やしてくれてありがとう。

ヘザー・ハンドレー

原注

1. Carol Dweck, *Mindset: The New Psychology of Success* (New York: Ballantine Books, 2006)／キャロル・S・ドゥエック著, 今西康子訳(2016)『マインドセット―「やればできる!」の研究―』草思社.
2. 同上, 15-16.
3. 同上, 16.
4. 同上, 7-10, 12-14.
5. 同上, 7.
6. M. B. Roberts, "Rudolph ran and world went wild," ESPN.com, https://espn.go.com/sportscentury/features/00016444.html. (2018年12月4日アクセス)
7. Rudy International, "Rudy: The True Story," 2003, http://www.rudyinternational.com/true-story/biography (2018年12月4日アクセス)
8. Nina Totenberg, "Sotomayor Opens Up about Childhood, Marriage in 'Beloved World,'" NPR, January 12, 2013, http://www.npr.org/2013/01/12/167042458/sotomayor-opens-upabout-childhood-marriage-in-beloved-world. (2019年4月16日アクセス)
9. American Institute of Physics, "Marie Curie: Her Story in Brief," https://www.aip.org/history/exhibits/curie/brief/index.html. (2018年12月4日アクセス)
10. Nobel Media, "Malala Yousafzai - Biographical," https://www.nobelprize.org/prizes/peace/2014/yousafzai/biographical/. (2019年4月16日アクセス)
11. Carol Dweck, 前掲注1, 10.
12. 同上, 157.
13. 同上, 245.
14. David Paunesku et al., "Mind-Set Interventions Are a Scalable Treatment for Academic Underachievement," *Psychological Science Online First*, April 10, 2015, doi: 10.1177/0956797615571017. (2019年4月16日アクセス)
15. Carol Dweck, "Carol Dweck Revisits 'Growth Mindset,'" *Education Week*, September 22, 2015.

16. US Department of Education, "My Favorite Teacher," YouTube video, 2:03, posted May 6, 2010, https://www.youtube.com/watch?v=py46EaAscOA.（2019年4月3日アクセス）
17. Teach.org, "Chris Paul talks about his favorite teacher," YouTube video, 0:31, posted February 3, 2011, https://www.youtube.com/watch?v=rRLCdmorqWA.（2019年4月3日アクセス）
18. Teach.org, "Secretary of Energy Steven Chu talks about the influence of his physics teacher." YouTube video, 1:03, posted September 15, 2010, https://www.youtube.com/watch?v=erzflNDVaQs.（2019年4月16日アクセス）
19. Teach.org, "Julia Louis-Dreyfus talks about her high school physics teacher," YouTube video, 1:05, posted September 15, 2010, https://www.youtube.com/watch?v=LLHZK3Un9qY&index=5&list=PLFDAB966A469ACDCA.（2019年4月3日アクセス）
20. Paunesku et al., 前掲注14, 7.
21. 同上, 2.
22. C. Good, J. Aronson, and M. Inzlicht, "Improving Adolescents' Standardized Test Performance: An Intervention to Reduce the Effects of Stereotype Threat," Journal of *Applied Developmental Psychology* 24（2003）: 645-62（found on MindsetWorks.com）.
23. J. Aronson, C. B. Fried, and C. Good, "Reducing the Effects of Stereotype Threat on African American College Students by Shaping Theories of Intelligence," *Journal of Experimental Social Psychology* 38（2002）: 113-25（found on Mindsetworks.com）.
24. Carol Dweck, 前掲注1.
25. 同上, 173.
26. C. M. Karns, M. W. Dow, H. J. Neville, "Altered Cross-Modal Processing in the Primary Auditory Cortex of Congenitally Deaf Adults: A Visual-Somatosensory fMRI Study with a Double-Flash Illusion," *Journal of Neuroscience* 32, no. 28（2012）: 9626-38.
27. David Eagleman, *The Brain: The Story of You*（New York: Pantheon Books, 2015）, 116／デイヴィッド・イーグルマン著, 大田直子訳（2017）『あなたの脳のはなし―神経科学者が解き明かす意識の謎―』早川書房.
28. Ferris Jabr, "Cache Cab: Taxi Drivers' Brains Grow to Navigate London's Streets," *Scientific American*, December 8, 2011.

29. Jo Boaler, "Unlocking Children's Math Potential: 5 Research Results to Transform Math Learning," YouCubed.org. (2019年4月16日アクセス)
30. 同上, 4.
31. C. S. Dweck, "Mind-Sets and Equitable Education," *Principal Leadership* 10, no. 5 (2010): 26-29
32. 同上, 27.
33. Donna Wilson and Marcus Conyers, "The Boss of My Brain," *Educational Leadership* 72, no. 2 (2014), http://www.ascd.org/publications/educational-leadership/oct14/vol72/num02/%C2%A3The-Boss-of-My-Brain%C2%A3.aspx. (2019年4月16日 アクセス)
34. Eric Nagourney, "Surprise! Brain Likes Thrill of Unknown," *New York Times*, April 17, 2001, http://www.nytimes.com/2001/04/17/health/vital-signs-patterns-surprise-brain-likes-thrill-of-unknown.html. (2019年4月16日アクセス)
35. Rita Pierson, "Every kid needs a champion," video file, May 2013, https://www.ted.com/talks/rita_pierson_every_kid_needs_a_champion. (2019年4月16日アクセス)
リタ・ピアソン「すべての子どもに強い味方を」動画(日本語字幕版), https://www.ted.com/talks/rita_pierson_every_kid_needs_a_champion?language=ja#t-145134. (2019年4月16日アクセス)
36. Jeffrey Liew et al, "Child Effortful Control, Teacher-Student Relationships, and Achievement in Academically At-risk Children: Additive and Interactive Effects," *Early Childhood Research Quarterly* 25, no. 1 (2010): 51-64, doi: 10.1016/j.ecresq.2009.07.005.
37. Jan N. Hughes at al, "Further Support for the Developmental Significance of the Quality of the Teacher-Student Relationship," *Journal of School Psychology* 39, no. 4 (2001): 289-301, doi:10.1016/S0022-4405(01)00074-7.
38. Rita Pierson, 前掲注35.
39. Daniel Berry, "Relationships and Learning: Lecturer Jacqueline Zeller's Research and clinical work highlights the role of teacher-child relationships," May 29, 2008, https://www.gse.harvard.edu/news/uk/08/05/relationships-and-learning. (2019年4月16日

アクセス)
40. H. Gehlbach, M. E. Brinkworth, L. Hsu, A. King, J. McIntyre, and T. Rogers, "Creating Birds of Similar Feathers: Leveraging Similarity to Improve Teacher-Student Relationships and Academic Achievement," *Journal of Educational Psychology*. http://scholar.harvard.edu/files/todd_rogers/files/creating_birds_0.pdf. (2018年12月4日アクセス)
41. Hunter Gehlbach, "When teachers see similarities with students, relationships and grades improve," *The Conversation*, May 27, 2015, http://theconversation.com/when-teachers-seesimilarities-with-students-relationships-and-grades-improve-40797. (2019年4月16日アクセス)
42. Matthew A. Kraft and Todd Rogers, "The Underutilized Potential of Teacher-to-Parent Communication: Evidence from a Field Experiment," October 2014, https://scholar.harvard.edu/files/mkraft/files/kraft_rogers_teacher-parent_communication_hks_working_paper.pdf. (2019年4月16日アクセス)
43. 同上, 3.
44. 同上, 2-4.
45. Ulrich Boser and Lindsay Rosenthal, "Do Schools Challenge Our Students? What Student Surveys Tell Us About the State of Education in the United States," Center for American Progress, July 10, 2012, https://www.americanprogress.org/issues/education-k-12/reports/2012/07/10/11913/do-schools-challenge-our-students. (2019年4月16日アクセス)
46. Carol Dweck, "Even Geniuses Work Hard," *Educational Leadership* 68, no. 1 (2010): 16-20.
47. Interaction Institute for Social Change | Artist: Angus Maguire, "Illustrating Equality vs Equity," January 13, 2016, http://interactioninstitute.org/illustrating-equality-vs-equity/. (2019年4月16日アクセス)
48. Ken Robinson et al., *Creative Schools: The Grassroots Revolution That's Transforming Education* (New York: Viking, 2015), 51 ／ケン・ロビンソンほか著, 岩木貴子訳 (2019)『CREATIVE SCHOOLS ―創造性が育つ世界最先端の教育―』東洋館出版社.
49. TeachingChannel.org, "Carol Dweck on Personalized Learning,"

video file, https://www.teachingchannel.org/video/personalized-student-learning-plans-edv.（2019年4月16日アクセス）
50. Robert Rosenthal and Reed Lawson, "A longitudinal study of the effects of experimenter bias on the operant learning of laboratory rats," *Journal of Psychiatric Research* 2, no. 2（1964）: 61-72, doi:10.1016/0022-3956(64)90003-2.
51. Katherine Ellison, "Being Honest about the Pygmalion Effect," *Discover Magazine*, December 2015, http://discovermagazine.com/2015/dec/14-great-expectations.（2019年4月16日アクセス）
52. 同上.
53. Robert Rosenthal, "Four factors in the mediation of teacher expectancy effects," in *The Social Psychology of Education: Current Research and Theory*, edited by Monica J. Harris, Robert Rosenthal, and Robert S. Feldman（New York: Cambridge University Press, 1986）, 91-114.
54. Po Bronson, "How Not to Talk to Your Kids: The inverse power of praise," *New York Magazine*, August 3, 2007, http://nymag.com/news/features/27840.（2019年4月16日アクセス）
55. C. S. Dweck, 前掲注31.
56. Jennifer Gonzalez, "The Trouble with "Amazing"," *Cult of Pedagogy*, January 25, 2014, http://www.cultofpedagogy.com/the-trouble-with-amazing/.（2019年4月3日アクセス）
57. Elizabeth Gunderson et al., "Parent Praise to 1- to 3-Year-Olds Predicts Children's Motivational Frameworks 5 Years Later," *Child Development* 84, no. 5（2013）: 1-16, https://goldin-meadow-lab.uchicago.edu/sites/goldin-meadow-lab.uchicago.edu/files/uploads/PDFs/2013%20gunderson%20praise%20paper.pdf.
58. Anya Kamenetz, "The Difference Between Praise and Feedback," KQED's *Mindshift*, March 28, 2014, https://www.kqed.org/mindshift/34778/the-difference-between-praise-and-feedback.（2018年12月4日アクセス）
59. Aubrey Steinbrink, email message to author, April 11, 2016.
オーブリー・スタインブリンクが著者に宛てたメールより（2016年4月11日のもの）
60. 同上.

61. Malcolm Gladwell, *Outliers: The Story of Success* (New York: Little, Brown, 2008)／マルコム・グラッドウェル著，勝間和代訳（2009）『天才！　成功する人々の法則』講談社.
62. A. L. Duckworth, T. A. Kirby, E. Tsukayama, H. Berstein, and K. A. Ericsson, "Deliberate Practice Spells Success: Why Grittier Competitors Triumph at the National Spelling Bee," *Social Psychological and Personality Science* 2, no. 2 (2011): 174-81.
63. K. Anders Ericsson and Robert Pool, *Peak: Secrets from the New Science of Expertise* (New York: Houghton Mifflin Harcourt, 2016)／アンダース・エリクソン，ロバート・プール著，土方奈美訳（2016）『超一流になるのは才能か努力か？』文藝春秋.
64. "How to Become Great at Just About Anything," Freakonomics podcast, April 2016.
65. Daniel Pink, *Drive: The Surprising Truth About What Motivates Us* (New York: Riverhead Books, 2009), 119-20／ダニエル・ピンク著，大前研一訳（2010）『モチベーション3.0　持続する「やる気！」をいかに引き出すか』講談社.
66. Carol Dweck, *Self-theories: Their Role in Motivation, Personality, and Development* (Philadelphia: Taylor & Francis Group, 2000), 18.
67. 同上, 18-19.
68. Martin Maehr and Carol Midgley, "Enhancing Student Motivation: A Schoolwide Approach," *Educational Psychologist* 26, nos. 3-4 (1991): 409-15, http://www.unco.edu/cebs/psychology/kevinpugh/motivation_project/resources/maehr_midgley91.pdf.（2019年4月16日アクセス時点リンク切れ）
69. Chris Watkins, quoted in Debra Viadero, "Studies Show Why Students Study Is as Important as What," *Education Week* (blog), August 16, 2010, http://blogs.edweek.org/edweek/inside-school-research/2010/08/studies_show_why_students_stud.html?qs=Studies_Show_.（2019年4月3日アクセス）
70. Denis Brian, *Einstein: A Life* (New York: John Wiley & Sons, 1996), 18／デニス・ブライアン著，鈴木主税訳（1998）『アインシュタイン―天才が歩んだ愛すべき人生―』三田出版会
71. Michael Balter, "Why Einstein Was a Genius," *Science*, November 15, 2012, http://www.sciencemag.org/news/2012/11/why-

einstein-was-genius.（2019年4月16日アクセス）
72. 同上.
73. J. K. Rowling, "The fringe benefits of failure," June 2008, video file, https://www.ted.com/talks/jk_rowling_the_fringe_benefits_of_failure.（2019年4月16日アクセス）
74. Leah Alcala, "My Favorite No: Learning from Mistakes," video file, https://www.teachingchannel.org/video/class-warm-up-routine.（2019年4月16日アクセス）
75. Lisa Blackwell, "Grading for Growth in a High-Stakes World," *Mindset Works*, January 23, 2012, http://blog.mindsetworks.com/entry/grading-for-growth-in-a-high-stakes-world.（2019年4月16日アクセス）
76. Manu Kapur et al., "Productive Failure in Mathematical Problem Solving," http://www.manukapur.com/wp40/wp-content/uploads/2015/05/CogSci08_PF_Kapur_etal.pdf.（2019年4月18日時点リンク切れ）
77. Annie Murphy Paul, "Why Floundering Is Good," *Time*, April 25, 2012, http://ideas.time.com/2012/04/25/why-floundering-is-good/.（2019年4月16日アクセス）
78. Katrina Schwartz, "How 'Productive Failure' In Math Class Helps Make Lessons Stick," KQED's *Mindshift*, April 19, 2016, https://www.kqed.org/mindshift/44726/how-productive-failure-for-students-can-help-lessons-stick.（2019年4月3日アクセス）
79. Manu Kapur, "Failure can be productive for teaching children maths," *The Conversation*, February 18, 2014, http://theconversation.com/failure-can-be-productive-for-teaching-children-maths-22418.（2019年4月16日アクセス）
80. Carol Dweck, "The power of believing that you can improve," November 2014, video file, https://www.ted.com/talks/carol_dweck_the_power_of_believing_that_you_can_improve?language=en.（2019年4月16日アクセス）
キャロル・ドゥエック『必ずできる！―未来を信じる「脳の力」―』動画（日本語版字幕版）, https://www.ted.com/talks/carol_dweck_the_power_of_believing_that_you_can_improve?language=ja.（2019年4月16日アクセス）
81. Cory Turner, "The Teacher Who Believes Math Equals Love,"

NPR, March 9, 2015, http://www.npr.org/sections/ed/2015/03/09/376596585/the-teacher-who-believes-math-equals-love.（2019年4月16日アクセス）
82. Sarah Carter, "Students Speak Out about A/B/Not Yet," *Math = Love*, June 17, 2015, https://mathequalslove.blogspot.com/2015/06/students-speak-out-about-abnot-yet.html.（2019年4月16日アクセス）
83. Shelley Sopha, email message to author, May 3, 2016.
シェリー・ソファが著者に宛てたメールより（2016年5月3日のもの）
84. 同上.
85. 同上.
86. 同上.
87. Michael Wesch, "Anti-Teaching: Confronting the Crisis of Significance," *Education Canada* 48, no. 2（2010）, ISSN 0013-1253, https://www.edcan.ca/wp-content/uploads/EdCan-2008-v48-n2-Wesch.pdf.（2019年4月3日アクセス）
88. Michael Wesch, "From Knowledgable to Knowledge-able: Learning in New Media Environments," *Academic Commons*, January 7, 2009, http://www.academiccommons.org/2014/09/09/from-knowledgable-to-knowledge-able-learning-in-new-mediaenvironments.
89. Buck Institute for Education, "What Is Project Based Learning（PBL）？" https://www.pblworks.org/what-is-pbl.（2019年4月16日アクセス）
90. 同上.
91. Andrew Kasprisin, "Our Transition to Standards-Based Grading," *JumpRope*, January 24, 2015, https://www.jumpro.pe/single-post/2017/03/13/Our-Transition-to-Standards-based-Grading.（2019年4月16日アクセス）
92. 同上.
93. "Two Wolves," http://www.firstpeople.us/FP-Html-Legends/TwoWolves-Cherokee.html.（2018年12月4日アクセス）
94. Carol Dweck, "Recognizing and Overcoming False Growth Mindset," *Edutopia*, January 11, 2016, https://www.edutopia.org/blog/recognizing-overcoming-false-growth-mindset-carol-dweck.（2018年12月4日アクセス）

95. Dweck, 前掲注1, 244-46.
96. Dweck, 前掲注15.
97. Stephen R. Covey, *The Seven Habits of Highly Effective People: Restoring The Character Ethic* (New York: Free Press, 2004)／スティーブン・R・コヴィー著, フランクリン・コヴィー・ジャパン訳『完訳　7つの習慣―人格主義の回復―』(2013) キングベアー出版.
98. 同上, 131.
99. Dweck, 前掲注1, 244.
100. 同上, 245.
101. 同上.
102. Jordan Catapano, email message to the author, May 11, 2016. ジョーダン・カタパーノが著者に宛てたメールより (2016年5月11日のもの)
103. 同上.
104. 同上.

アニー・ブロック Annie Brock
司書教諭と高校英語教師の経歴をもつ。カンザス州立大学でジャーナリズムとマスコミュニケーションの学位を、ウォッシュバーン大学で教員免許を取得。現在は、フリーランス作家と教育工学のコンサルタントを務めている。著書に、*Introduction to Google Classroom: An Easy-to-Use Guide for Taking Your Classroom Digital*（CreateSpace Independent Publishing Platform）がある。米カンザス州ホルトンに夫のジャレッドと2人の子供たちと暮らす。

ヘザー・ハンドレー Heather Hundley
小学校教諭を12年間務めた後、現在はグリーンブッシュ・サウスイースト・カンザス・エデュケーション・サービス・センターで指導補助を務めている。ウォッシュバーン大学で教育学位を取得後、ベイカー大学で学内リーダーシップの修士号を取得。また、ウォッシュバーン大学で教員養成講師や客演講師を務めたこともある。最近では、2016年にPresidential Awards for Excellence in Mathematics and Science Teaching（PAEMST）と呼ばれる、優秀な数学または科学教師に贈られる大統領賞のカンザス州代表最終候補者に名前が挙がった。米カンザス州ホルトンに夫のマットと3人の子供たちと暮らす。

佐伯葉子 Yoko Saeki （本名 中島葉子）
出版翻訳者。アメリカで夫と3人の子供たちと暮らす。訳書に『1年以内に理想の結婚をする方法』（アルファポリス）、『一流のコンディション』（大和書房）など。

Copyright © 2016 by Annie Brock and Heather Hundley
Japanese translation rights arranged with ULYSSES PRESS
through Japan UNI Agency, Inc.

マインドセット学級経営
子供の成長を力づける1年にする

2019（平成31）年4月25日　初版第1刷発行
2020（令和２）年6月27日　初版第2刷発行

Author　アニー・ブロック
ヘザー・ハンドレー
Translator　佐伯葉子

Publisher　錦織圭之介
Publication　株式会社東洋館出版社
〒113-0021 東京都文京区本駒込5丁目16番7号
営業部　TEL:03-3823-9206
FAX:03-3823-9208
編集部　TEL:03-3823-9207
FAX:03-3823-9209
振　替　00180-7-96823
U R L　http://www.toyokan.co.jp

Designer　水戸部功

DTP/Printing　藤原印刷株式会社

ISBN978-4-491-03665-6
Printed in Japan